¡Cuidado! Vele por estas cosas y le irá bien.

¡Cuidado!
Vele por estas cosas,
Y le irá bien.

¿Que hacer para evitar decepciones y
Complicaciones
que amenudo son ocasionadas por nosotros
mismos?

Una guía útil y práctica
Autor: Revdo. Víctor M. Santiago

Nota:

Ninguna parte de este libro puede ser copiada, ni reproducida total o parcialmente. No podrá ser transmitida por medios electrónicos, Cd's o cualquier otro tipo de reproducción. no podrá ser foto copiada sin el previo permiso del autor.

Derechos reservados:
Todos los derechos reservados por el autor.
C. 2011, autor: Víctor M. Santiago
Impreso en Estados Unidos de Amèrica
Impreso en español, Primera Edición.
ISBN 978-0-615-91760-3
(LCCN) Pending...
Número de control Librería del Congreso
De los Estados Unidos de America
Portada: Daniel Gutiérrez (Dangutier.com)
Edición, corrección y redacción: Evelyn Aulí
Para Información escriba a: pastorvmsantiago@gmail.com

La Portada

No se necesita ser un genio para encontrar un paralelismo entre la portada y el título del libro. fácilmente uno puede percatarse al ver la imagen de cual será el fin del hombre, quién por no cuidar o por no velar por dónde camina se ha de encontrar con lo inevitable. El diseñador Danny Gutiérrez captó el concepto que yo quería para la portada del libro, pero su talento sobre pasó mi idea de como hacer un diseño que a simple vista se puede apreciar o entender.

Algo que nunca se me hubiera ocurrido fue un elemento que el diseñador añadió lo cual da más entendimiento a lo que quiero presentar en este material literario... a la derecha de la foto se puede apreciar una luz resplandeciente lo cual indica que el hombre en la foto, mientras prestaba atención a lo que hacía, su camino estaba alumbrado, pero una vez al dejar de prestar atención se dirige al precipicio.

El segundo detalle que podemos observar son las densas y negras nubes frente al hombre que está caminando, que representa la oscuridad a la cual él se aproxima por no prestar atención por dónde va. Es así como nos sucede a cada uno de nosotros; mientras prestamos atención a los detalles de la vida habrá luz en nuestro caminar diario. Pero, una vez que perdemos el enfoque, caminamos sin fijarnos hacia dónde y por dónde vamos. Luego entramos lamentablemente a la oscuridad de las densas nubes sin percatarnos que nos estamos dirigiendo inevitablemente al precipicio, sólo por no tener "cuidado" y velar por los detalles en la vida en la cual vivimos.

Es mi deseo que camines en la dirección a la luz de la sabiduría que en palabras sencillas es tener o usar sentido común en todo lo que haces, para que quede atrás el precipicio, y las nubes negras y que no estén frente a ti, que no sea muy tarde cuando abras tus ojos para darte cuenta del peligro al cual podrías estar aproximándote.

Contenido

Dedicatoria..I
Reconocimientos...II
Prólogo...III
Introducción..IV

Capítulo I- Vele por lo que piensa   P. 17

    El pensamiento predominante en una persona va a ser el catalizador del sistema de creencias que eventualmente desarrollarán una fe en base a las experiencias.

Capítulo II- Vele por lo que hay en su corazón   P. 49

    Lo que daña el alma y pudre el corazón son perversidades que vienen o nacen del corazón del maligno, usted pues, no los críe.

Capítulo III- Vele por lo que dice   P. 73

No lance palabras al aire, pensando que no van a tener importancia, esas palabras no se las lleva el viento. Alguien va apropiarse de esas palabras.

Capítulo IV- Vele por lo que hace   P.105

Dios no tiene ninguna resposabilidad con ninguna persona que tomó decisiones sin buscar primero su consejo.

Capítulo V- Vele por sus pasos   P. 129

No siempre será el diablo estorbando su camino, podría ser Dios ejerciendo SU señorío sobre usted.

Capítulo VI- Vele por sus caminos   P. 147

Por dónde usted camina y visita, con regularidad va evidenciar quién es usted y cuáles son sus prioridades.

Capítulo VII- Vele con quién anda					P. 163

    Apártese de personas que subestimen sus sueños y ambiciones; Ellos no entienden, ni creen en su visión.

Capítulo VIII- Vele con quién habla					P. 181

    Cuidado al hablar, y/o asociarse con personas de influencia y opinión fuerte, podrían cambiar su enfoque.

Conclusión					P. 201

I

Dedicatoria

A la memoria de:
José Santiago (mi padre), ¡qué gran sentido de responsabilidad tenías! ¡Admirable!
A mis hermanos (as) que no conocí; José Manuel Santiago, (el primogénito) las gemelas , María Lourdes y Lourdes María. A María Luisa; nunca pudiste caminar debido a tu condición física Pero nos enseñaste a caminar en compasión por los que sufren enfermedades, y a Raúl Santiago, el menor de la familia (oct. 7 de 2009). Raúl, que Dios cuide de ti en el cielo, como cuidaste de nuestra madre aquí en la tierra.

A los que viven:
Flora Reyes (mi madre) gracias por tus sacrificios y atenciones por todos tus hijos. Tu eres el adhesivo que nos ha mantenido a todos unidos. Quedaremos ligados a ti por la eternidad. Te amo mucho, y que Dios te continue bendiciendo. A mis hermanos (as) y sus respectivas familias. Nydia, Carmen Alicia, Josefina, Rosalina, Carmen Milagros, Ana Lucía, Jose Miguel, Rafael y Daniel Santiago.

A mis amados hijos
le doy gracias a Dios por los hijos que me ha dado a quienes amo con todo mi corazón:
Ana Lorén , ¡ mi niña Hermosa!
Richard, ¡varón de Dios!
Michelle, my baby, ¡ Que preciosa sonrisa tienes !

Siempre lo major, para el final, como broche de oro: a mi Padre celestial, el unico Dios, Creador de todo lo que existe. que por amor a mi, envió a su hijo Jesucristo a morir por mis pecados y darme vida eterna. Al Señor Jesucristo por tomar mi lugar en la cruz del calvario. ¡Qué sacrificio! al Espiritu Santo que no me deja solo y que guía mis pasos día a día y me enseña todo lo que es verdadero. ¡Gracias Señor!

II

Reconocimientos

Estoy muy agradecido a Dios por las personas que han contribuido de una manera u otra para con este libro. a la Hna. Esther M. Garza Dallas Texas. y a los Esposos Juan Marcos y Jannet Marcos de Houston Texas por su apoyo para la publicación de este libro.

A la Hna. Rosa Salinas de Conroe Texas por su apoyo al ministerio y por ser de gran bendiciòn para mi vida.

A los Hnos. de la Iglesia, Internacional de Adoración de Garland Texas, y su pastora Zoila Torres y la Hna. Rosie Garza por sus respaldo. A la Hna. Noemí E. López de Puerto Rico por su participación y sabias sugerencias. A Michelle Valentine, mí preciosa sobrina por su participación en los primeros capítulos del libro. Al Dr. Mario E. Rivera Méndez por tomar de su tiempo ocupado para escribir el prólogo del libro. Y al Pastor Daniel Santiago, Cayey, Puerto Rico, por las correcciones gráficas.

A la Hna. Evelyn Aulí, Cupey, Puerto Rico. por la edición de este libro. No encuentro las palabras más adecuadas para expresar mi gratitud por su labor y empeño por este material literario, quedaré por siempre agradecido de usted por su admirable labor, que Dios la bendiga mucho y que Dios bendiga a todos los que pusieron su granito de arena para hacer realidad este proyecto.

III

Prólogo

El Pastor Víctor M. Santiago está presentando este libro con el propósito de orientarlos respecto a las personas, que de una forma u otra lleguen a la vida de usted. Su interés es ayudar al lector para que pueda identificar las diferentes influencias que una persona puede ejercer sobre cada uno de nosotros. Sabemos que podemos ser influenciados negativa o positivamente.

Los temas están basados en una serie de Conferencias que él dictó en la iglesia la cual él pastoreaba. ya que debido al interés que mostraron los feligreses en los temas, lo movió a recopilar las conferencias en un libro. Para enfatizar las enseñanzas, narra una serie de sucesos del diario vivir y de sus propias vivencias.

El tema central del libro es: Cómo las personas deben, prestar atención respecto aquellas cosas que pueden traer decepciones y complicaciones que amenudo son ocasionadas por ellas mismas. Es mi oración que este libro que ha sido escrito bajo la inspiración del Espiritu Santo con mucha oración y con usted en mente, sea de gran bendición.

Revdo. Dr. Mario E. Rivera Méndez

San Juan, Puerto Rico, 2011

IV
Introducción

El libro que tiene en sus manos es una recopilación de una serie de ocho sermones que les prediqué a los miembros de la iglesia Centro Evangelístico Nuevo Amanecer, de la cual fuí pastor. En cada sermón incluí una lista de sugerencias prácticas para simplificar la asimilación y la aplicación del material. Algunas de estas listas son: "Velar con quién andamos (o con quién nos asociamos)". Velar por nuestros caminos, Velar por lo que dice, entre otras.

Los hermanos me pedían copias de estos sermones para utlizar las diversas listas como guía personal para evaluar sus comportamientos y el comportamiento de otros en su círculo de amistades. Ese interés despertó en mí la idea de escribir este libro sobre los mismos temas que prediqué en aquel entonces.

Esta lectura es una guía útil y práctica que beneficiará tanto a creyentes como a no creyentes. Los conceptos aquí expresados son verdades universales que tienen su base en la biblia, con citas y versículos bíblicos incluidos para la conveniencia del lector.

Con este material espero provocar en usted el mismo Interés que se despertó en los hermanos de CENA. La idea detrás de cada capítulo es ayudarle a evitar decepciones y complicaciones que a menudo las ocasionamos nosotros mismo, además ayudarle a tener un major criterio y discerdimiento en su comportamiento y en el de otros, lo cual es algo que se puede aprender y desarollar. Quisiera depositar en usted estas grandes verdades de sentido común, que han sido de mucha bendición a mi vida y a otros.

Es mi deseo que al terminar de leer este libro usted quede enriquecido a través de estos útiles y prácticos consejos que son un verdadero Tesoro.

Víctor M. Santiago

Haga de la palabra de Dios
Su pensamiento predominante.

"Yo conozco que todo lo puedes, y que no hay pensamiento que se esconda de ti."

Job, Cap. 42: 2

El pensamiento predominante en una persona va a ser el catalizador del sistema de creencias que eventualmente desarrollarán una fe en base a las experiencias.

Víctor M. Santiago

Capítulo I

Vele por lo que piensa

Cuando comencé a predicar en la Iglesia que pastoreaba, sobre la serie de "velar" y los diferentes temas que usted encontrará en el contenido de este libro, decidí predicar los primeros cuatro sermones a la inversa. En lugar de comenzar con el tema de *"Velar por lo que piensas"* y continuar con el resto de los temas, preferí comenzar con el tema de "Velar por lo que haces". Expliqué a la congregación que todo lo que la persona hace, toda confesión, (lo que dices) todo tipo de emoción y sentimiento se origina primordialmente en un pensamiento predominante.

La razón por la cual quise comenzar de esa manera es porque siempre que usted recibe una información después que haya pasado un tiempo, usted recuerda un cincuenta por ciento de lo que escuchó y gran parte de ese cincuenta por ciento, lo más que recuerda es la conclusión de lo que escuchó. De igual manera, cuando usted ve una película no siempre se acuerda del principio de la película pero siempre recuerda el final. Teniendo eso en mente, fue que quise terminar la primera parte de los cuatro mensajes con el tema de "Velar por lo que piensas". Como ya dije anteriormente, todo se origina en un pensamiento. Cualquier pensamiento predominante en su mente va a afectar sus emociones, lo que dice, lo que confiesa y lo que hace con regularidad, es por eso que los profesionales en consejería, cuando tienen ante ellos una persona con problemas de control de ira, las recomendaciones para sus pacientes es la elaboración de nuevas y diferentes formas de pensamientos. El Dr. Les Carter, en su libro The anger trap *"La Trampa de la ira"*, dice que la esencia del problema o la médula de los que tienen conflictos con la ira se encuentra en algún tipo de temor. Así es, temor es la raíz del conflicto interno que tienen los que lidian con la ira. Es un conjunto de malas experiencias que se traen de la niñez; palabras que denigran al niño, abuso físico, y hasta los horrendos casos de incesto. Todas estas malas experiencias crean en el niño algún tipo de temor que va formando su carácter. Ellos crecen temiendo ser rechazados. Temen ser abandonados o que se les culpa por algo que sucedió, por ejemplo: la ruptura matrimonial, entre otros.

Todas esas experiencias se guardan, no solamente en el corazón del individuo, sino también en su mente, los pensamientos de ellos van tomando forma en sus mentes mientras van creciendo y adquiriendo nuevas experiencias. He aquí el problema de una persona que va creciendo o que se va desarrollando en la vida sin buscar solución a lo que hay en su mente y en su corazón.

"El pensamiento predominante en una persona va a ser el catalizador del sistema de creencias que eventualmente desarrollarán una fe en base a las experiencias."

Por ejemplo: una persona que fue rechazada cuando niño crece con un complejo de inferioridad. Su comportamiento es de aislamiento, su temor de ser rechazado ahora como adolescente o, tal vez como adulto lo lleva a tener el pensamiento predominante que no es o no será aceptado por ciertos círculos de amistades o grupos de personas.

Ese pensamiento predominante lo llevará a un comportamiento errático que no lo va a dejar disfrutar de un crecimiento y desarrollo saludable, en este caso, él o ella creerá que va a ser rechazado(a) por los demás. Esa persona desarrolla en su mente un sistema de creencias que forman su fe; eso es lo que cree.

Usted puede tener fe en que ciertas cosas pueden o van a suceder. O, puede tener fe en que esas mismas cosas no van a suceder. No importa en lo que usted crea o deje de creer, esa fe es un producto de un sistema de creencias que pueden surgir de las experiencias buenas o malas pero que son producidas por un pensamiento predominante y que eventualmente formará su carácter. En otras palabras, <u>usted es lo que piensa.</u>

Si usted tiene un mal carácter, las posibilidades de tener pensamientos erróneos son muy altas. Es por eso que mi recomendación es que "vele por lo que piensa". Observe e identifique cuál es el pensamiento predominante en su mente y véalo a raíz de lo que dicen las escrituras. Considere si ese pensamiento predominante está controlando su comportamiento, su actitud y sus relaciones con otros. Es posible que sea precisamente, lo que piensa continuamente lo que está dañando sus relaciones interpersonales.

Lo que sugieren las Escrituras:

En el libro de Romanos Cap. 12, verso 2 dice: *"No os conforméis a este siglo, sino transformaos por medio de la renovación de vuestro entendimiento para que comprobéis cual sea la buena voluntad de Dios, agradable y perfecta."*

Compare su sistema de creencias que dan formas a sus pensamientos con el pensamiento de Dios. La forma de pensar de un ser humano que le han hecho un mal es vengarse o hacer el mismo mal en retribución a la otra persona. Pero la forma de Dios para nosotros proceder en la misma situación está en Romanos Cap. 12:17-21: *"No paguéis a nadie mal por mal; procurad lo bueno delante de los hombres, si es posible, en cuanto dependa de vosotros estad en paz con todos los hombres. No os venguéis* vosotros mismos, amados míos si no dejar lugar a la ira de Dios; porque escrito está: mía es la venganza, yo pagaré, dice el señor. Así que si tu enemigo tiene hambre dale de comer. Si tuviere sed, dale de beber, pues haciendo esto ascuas de fuego amontonarás sobre su cabeza. No seas vencido de lo malo, sino vence con el bien el mal".* Mi pregunta ahora es: ¿realmente pensamos de esa manera? Lo que usted piensa constantemente, eventualmente podrá determinar su conducta, sus decisiones, sus metas y su futuro.

En proverbios Cap. 23 verso 7 leemos: *"porque cuál es su pensamiento en su corazón, tal es él..."* en otras palabras, la persona se comporta como piensa constantemente.

Muchas veces, actuamos de acuerdo al patrón de pensamiento que hay en nuestra mente. Las personas que hacen mal, que cometen toda clase de crímenes, muchos de ellos son personas con mentes corruptas.

La Biblia dice que el hombre malo está constantemente pensando en el mal. Aún su rostro comunica que su pensamiento es hacer el mal. Por eso hay que estar "velando por lo que piensa".

Les he enseñado a los miembros de mi Iglesia que **lo que pensamos, lo que hay en nuestro corazón y lo que decimos y hacemos, crea un ambiente que puede activar y atraer al mundo espiritual y crea una atmósfera.** Por Ejemplo: hay damas que se quejan de los hombres que las desnudan con su pensamiento o su vista. Eso crea una atmosfera de índole de lascivia alrededor de ellos, las mujeres se incomodan. El pensamiento predominante en ellos creó esa atmósfera de incomodidad

Romanos Capitulo 8 verso 5 nos advierte de *"no pensar en las cosas de la carne, sino pensar en las cosas del espíritu"*. Aquí espíritu se refiere al Espíritu Santo. El verso 6 dice que: *"ocuparse de la carne es muerte pero ocuparse del Espíritu es vida y paz"*.

Cada uno de nosotros es responsable ante Dios por los pensamientos que voluntariamente dejamos fluir en nuestra mente. **Si vamos a dar cuenta a Dios por lo que decimos y hacemos, entonces es mejor prestar atención primero por lo que pensamos ya que el pensamiento es la antesala de lo que hablamos y hacemos.** Ante Dios nada queda oculto; ni aún nuestros pensamientos. En el libro de Job, Cap. 42 verso 2b dice: *"...y que no hay pensamiento que se oculta de ti"*.

Dios ve los pensamientos de los hombres, aun el de los ángeles, usted y yo podemos desagradar a Dios con nuestros pensamientos. No tenemos necesariamente que abrir la boca para desagradar a Dios. El Salmo 94:11 dice: *"Jehová conoce los pensamientos de los hombres, que son vanidad"*. Proverbios Cap. 15: verso 26 dice: *"Abominación son a Jehová los pensamientos del malo, más la expresión de los limpios son limpias"*.

La palabra *"abominación"* significa despreciable, en otras palabras, Dios desprecia los pensamientos malos, y si usted es cristiano y tiene pensamientos malos, también le es despreciable a Dios. No es necesario hablar para pecar, con el pensamiento es suficiente.

Permítame darle un ejemplo de lo que estoy exponiendo, de lo importante que es cuidar o "velar lo que pensamos", recuerde, que el pensamiento predominante en usted va a regular sus palabras, lo que hay en su corazón y en sus actos.

Satanás antes de ser lo que es hoy (su enemigo espiritual) era un ángel de grande jerarquía en los cielos. Este ángel servía a Dios. En el libro de Ezequiel Cap. 28 verso 12 en adelante hace una descripción de la grandeza de este ser, luego en el libro de Isaías Cap. 14 verso 12 en adelante explica lo que sucedió con este ángel espero logre entender la importancia de velar por lo que piensa.

Aunque las palabras que leerá van dirigidas al Rey de Tiro (ser humano) iban también dirigidas al espíritu detrás del Rey. Muchos estudiosos están de acuerdo en que estos escritos se refieren a Satanás. Leámoslo y luego explicaré mi punto de vista.

Ezequiel Cap. 28 versos del 12 al 19: (12) *Hijo de hombre, levanta endechas sobre el rey de Tiro, y dile: "Así ha dicho Jehová el Señor: Tú eras el sello de la perfección, lleno de sabiduría, y acabado de hermosura. (13) En el Edén, el Huerto de Dios estuviste; de toda piedra preciosa era tu vestidura; de cornerina, topacio, jaspe, crisólito, berilo y ónice, de zafiro, carbunclo, esmeralda y oro; los primores de tus tamboriles y flautas estuvieron preparados para ti en el día de tu creación. (14) Tú, Querubín grande, protector, yo te puse en el Santo Monte de Dios, allí estuviste; en medio de las piedras de fuego te paseabas. (15) Perfecto eras en todos tus caminos desde el día que fuiste creado, hasta que se halló en ti maldad. (16) A causa de la multitud de tus contrataciones fuiste lleno de iniquidad y pecaste; por lo que yo te eché del Monte de Dios, y te arrojé de entre las piedras del fuego, Oh Querubín protector. (17) Se enalteció tu corazón a causa de tu hermosura, corrompiste tu sabiduría a causa de tu esplendor; yo te arrojé por tierra; delante de los reyes te pondré para que miren en ti. (18)Con la multitud de tus maldades y con la iniquidad de tus contrataciones profanaste tu santuario; yo pues, saqué fuego en medio de ti, el cual te consumió y te puse en ceniza sobre la tierra a los ojos de todos los que te miran. (19) Todos los que te conocieron de entre los pueblos se maravillarán sobre ti; espanto serás y para siempre dejaras de ser".*

Ahora preste atención a la descripción de Ezequiel en cuanto a este Ser, observe el lenguaje que el escritor usa y luego lo analizaremos.

<u>Nota</u>: no tocaré ningún punto teológico ni histórico de este pasaje, lo uso con el único propósito de traer luz al tema de este capítulo.

- Era el sello de la perfección (en su género).
- Era lleno de sabiduría (no era un Ser estulto.)

- Acabado de hermosura (su rostro expresaba extrema belleza y pureza).
- Su vestimenta era de piedras preciosas (compara con la vestimenta del Sumo Sacerdote.
- Tamboriles y flautas fueron preparadas para él en el día de su creación. aparentemente la orquesta de los cielos estaba preparada para él dirigirla.
- Su posición era de querubín, grande y protector. esto refleja una gran autoridad entre la jerarquía angelical.
- Perfecto era en todo tus caminos, ¡Wow! diera la impresión que no carecía de error. se puede notar la grandeza de este Ser. si no tenemos cuidado, al leer esto se podría pensar que Dios estaba creando un "dios" menor que Él.

Sin dejar la línea de pensamiento, leamos Isaías Cap. 14, verso 12 al 17:

(12) "¡Cómo caíste del cielo, oh lucero hijo de la mañana! Cortado fuiste por tierra, tú que debilitabas a las naciones. (13)Tú que decías en tu corazón: Subiré al cielo en lo alto, junto a las estrellas de Dios, levantaré mi trono y en el Monte del Testimonio me sentaré a los lados del Norte; (14) Sobre las alturas de las nubes subiré y seré semejante al altísimo. (15) Más tú derribado eres hasta el Seól, a los lados del abismo. (16) Se inclinarán hacia ti los que te vean, te contemplarán diciendo: ¿Es este aquel varón que hacía temblar la tierra, que trastornaba los reinos, (17) que puso el mundo como un

desierto, que asoló sus ciudades, que sus a presos nunca abrió la cárcel?

Hemos leído y considerado todos estos versículos con el propósito de expresarle mi punto de vista, en el libro de Ezequiel se hace una descripción de la grandeza de este Ser. ¡Impresionante! ¿No lo cree usted? Pero, Isaías declara el pecado de arrogancia de este Ser creado, de querer ser igual que Dios.

Una observación en cuanto a este Ser, es que éste no era un ángel común, él era el "Querubín Protector". Tenía una posición de gran poder angelical, miles y millones de ángeles estaban bajo su autoridad y comando, la descripción de su vestimenta indicaba que ejercía algún tipo de jerarquía. Tenía el privilegio de estar en el Santo Monte de Dios; este Ser reflejaba grandeza, (el más fuerte y más sabio de los hombres que ha sido creado, es un poco menor que el ángel de menor rango en los cielos).

No obstante, este Ser de tanta grandeza y belleza que era el Querubín protector, tenía mucho poder y voluntad propia. Pero este gran Ser perdió su grandeza, su poder, su honra, su majestad. De hecho, lo perdió todo. ¿Sabe por qué? Porque tenía un "pensamiento predominante" que lo llevó a su corazón, un solo pensamiento fue suficiente para que este ángel lo perdiera todo. ¿Cuál era ese pensamiento? *"Seré semejante al Altísimo"*. ¡Qué atrevido! Ni siquiera lo había verbalizado, lo pensó y lo guardó en su corazón.

Considere esto: si este ángel que no tenía problemas de hijos rebeldes, de deudas, de no poder pagar la hipoteca, que no tenía problemas legales o de impuestos, que no perdía el sueño, o que no tenía problemas de sobrepeso etc. Que aun teniendo dominio propio, se metió en grandes problemas con el Creador por no velar por lo que pensaba. Cuanto más nos podría afectar a usted y a mí sino velamos por lo que pensamos. Es por eso que le recomiendo: por favor, *"vele por lo que piensa"*. Ni si quiera él tenía la excusa de decir que alguien lo había tentado.

Tan solo un pensamiento fue suficiente para que tal insubordinación fuera castigada. Pensó que podía darle a Dios un golpe de estado en el reino de los cielos, como hacen en algunos países a los gobiernos. Y podemos pensar que Dios dijo; ¡No! aquí el Dios soy yo. No acepto ese pensamiento aquí".

Dios conoce los pensamientos y ninguno se escapa de Él. Debemos cuidarnos de tener pensamientos destructivos, obsesivos, los pensamientos negativos, dañinos, los pensamientos que no glorifican ni agradan a Él. Estos pensamientos no vienen por sí solos. **El mismo que pecó por un pensamiento, desea hacer que usted peque también con pensamientos contrarios al conocimiento y a la voluntad de Dios.**

El plan del maligno

Un concepto viejo al día:

Hay un término muy conocido que se usa mucho en el vocabulario cristiano y es el término "atadura". Atadura es algo que está atado o amarrado, y se convierte en una unión. Esta palabra, cuando se usa respecto a individuos se dice que son personas apocadas. Apocar a una persona es hacerla sentir intimidada o humillada. Una persona así, se siente cohibida o limitada de poder expresarse con toda libertad. Cuando hablamos en términos espirituales, decimos que esa persona que no puede expresarse con toda libertad, está atada. **En este caso, es la mente del individuo la que está bajo atadura.**

El ser humano es una tricotomía. Esto quiere decir que se compone de espíritu, alma y cuerpo. El diablo (su enemigo) tratará de atacar esas tres áreas del individuo; pero se enfocará en el alma. La Biblia dice que cuando usted muera el cuerpo regresa al polvo, de donde vino, Génesis Cap. 3, verso 19. El espíritu del hombre regresa a Dios que lo dio, Eclesiastés Cap.12 verso 7. Pero el alma no regresa a ningún lugar, por el contrario, va a un lugar y estará en ese lugar por la eternidad. De acuerdo a las Sagradas Escrituras, el alma, cuando muere en sus delitos y pecados, no entra al reino de los cielos, sino que lamentablemente hará su residencia en el infierno, por siempre. Lo contrario a esto es hacer nuestra residencia en el reino de los cielos, donde Cristo preparó moradas para los que iremos a ese bello lugar. Esa es nuestra esperanza, es nuestra fe. Para ir a ese lugar, lo único que hay que hacer es lo que dice en el libro de romanos, Cap. 10 verso 9: *".... que si confesares con tu boca que Jesús es el Señor y creyeres en tu corazón que Dios le levantó de los muertos, será salvo"*. Esto se hace por fe, Efesios Cap. 2, verso 8: *"Porque por gracia sois salvos por medio de la fe..."*

El diablo está destinado a pasar por la eternidad en el lago de fuego y azufre, Apocalipsis, Cap. 20, verso 10. Pero, él y sus ángeles caídos no desean estar solos, ellos desean que nosotros los acompañemos, Apocalipsis, 21, verso 8. Él (el diablo) hará lo que sea posible para engañarnos y mantenernos en su pecado. ¿Y, cómo lo hará? A través de nuestra alma.

Se dice que el alma se compone de mente, voluntad y emociones. Si él logra entrar al alma, controlará o manipulará los pensamientos y cabe la posibilidad de que controle el resto. No olvide que lo que decimos, sentimos y hacemos es de acuerdo al pensamiento predominante que tengamos. Él atacará la mente de las personas con todo pensamiento que sea contrario a la voluntad de Dios. Recuerde que a la acción le precede a la confesión; a ésta le precede una emoción o sentimiento; y a ésta le precede un pensamiento predominante.

Entienda, que al igual que los ángeles, nosotros tenemos voluntad propia, pero somos nosotros los que hacemos las elecciones, no somos "robot". Dios determinará Su voluntad para nuestras vidas, pero somos nosotros quienes decidimos qué hacer con ella. Lo importante aquí es hacer lo que Dios ha determinado para nosotros. Escuchemos a Dios, ignoremos las sugerencias del diablo. El deseo de Satanás es que desobedezcamos a Dios. Él querrá hacerlo a través de sugerencias, uniendo pensamientos negativos con otros pensamientos negativos para formar la atadura. Si tiene éxito él tendrá el control de lo que usted piensa; si él tiene ese control, entonces controlará el resto, las emociones, las confesiones y las acciones.

Debemos estar vigilantes y no permitir que el diablo forme una atadura en nuestra mente, ese es su objetivo. Recuerde, él <u>nunca</u> desistirá de esta idea y lo seguirá tratando el resto de nuestras vidas. Esa es la mala noticia. La buena noticia para nosotros los cristianos es, que Dios el Padre, *"...nos ha librado de la potestad de las tinieblas y nos ha trasladado al reino de su amado Hijo"*. (Colosenses, Cap. 1 verso 13) ¡Gloria a Dios! No solamente nos libró de ese poder maligno sino que nos sacó de su dominio (territorio espiritual). Aún más, *"...nos hizo sentar en lugares celestiales con Cristo Jesús",* Efesios, Cap. 2, verso 6.

Medite en esto: la Biblia dice que Cristo está sentado a la diestra de Dios, Colosenses, 3 verso 1, Romanos, Cap. 8, verso 34, y nosotros estamos juntamente sentados con Cristo, por lo tanto, estamos sentados al lado de Dios. ¿Qué le parece? El diablo no tiene dominio en ese territorio de la esfera espiritual. Usted se preguntará: ¿cómo es que él tiene atados a muchos, inclusive a algunos que proclaman llamarse ser cristianos? La contestación a esa pregunta es que él lo puede lograr en la mente no regenerada del individuo; lo hace con pensamientos dañinos y destructivos.

El diablo, como usted sabrá, es un enemigo derrotado por Jesucristo. Colosenses, Cap. 2, verso 15 dice: *"...y despojando a los principados y a las potestades, los exhibió públicamente, triunfando sobre ellos en la cruz"*. El Señor Jesucristo despojó al enemigo, pero no lo desapareció o no lo aniquiló eso vendrá después, mientras tanto tendremos que mantener nuestra posición en contra del maligno y lo haremos en el campo de batalla ¡la Mente!

No olvide que el pensamiento predominante en él lo hizo perder todos sus privilegios en el reino de los cielos dónde fue destituido para jamás ahí permanecer. La mente es el lugar de la tricotomía del ser humano dónde más pasará su tiempo y cada uno de nosotros debemos estar bien pendientes de los pensamientos que pasan por nuestra mente, descuidar esa área en nuestras vidas podría atarnos y desviarnos de los planes de Dios para con nosotros.

El jinete y el caballo

¿Ha visto de cerca como el jinete manipula al caballo? lo hace con la soga y el freno en la boca, y cómo lo lleva de un lado al otro. O, si está galopando, a la hora que el jinete desea detener al caballo, solo necesita halar de la soga y lo logra. Y si lo quiere hacer correr le da con las espuelas ¿Ha visto cómo responde el caballo? A eso se le llama "dominio", o mejor conocido como "control".

Eso es precisamente lo que el diablo quiere hacer con su mente. Lo lleva con las cuerdas de los pensamientos. Lo lleva de aquí para allá, como a él le parezca, y cuando termina, no lo deja libre, lo mete en su corral.

En los viajes que he tenido que hacer para ir a predicar a otros lugares, en especial de Dallas a Houston, veo prácticamente lo mismo siempre. Pero, en uno de esos viajes, vi algo que anteriormente había visto pero esta vez presté más atención. Vi un caballo, un potro joven, hermoso, bien enérgico, lleno de fuerza y vitalidad. Tenía un bello cabello que ondeaba con el viento. Aquél caballo daba brincos, lleno de energía, parecía que deseaba hablar para decir: *"Mírenme, estoy joven, lleno de fuerza, puedo correr tan veloz como un auto (carro). Soy tan fuerte como un camión (truck). Doy brincos, mi figura física inspira fortaleza, fui creado para correr velozmente, soy seguro de mí mismo"*. Cuando vi a aquel caballo esa fue la impresión que él me dejó. Pero había un problema, el caballo estaba dentro de un corral muy pequeño, tal vez 10 metros cuadrados, muy angosto para aquel corcel. Él tenía deseos de salir de allí pero estaba confinado a ese espacio pequeño, sujeto a la voluntad y el dominio de un hombre que por naturaleza es mucho menor en fuerza y estatura que aquel caballo. Seguramente aquel caballo si pudiera hablar diría: *"Tan fuerte que soy y no puedo salir de aquí. Tan rápido y veloz que soy y no puedo correr aquí"*. Sólo porque uno que es más pequeño en estatura y fuerza que el caballo, lo dominó y lo puso ahí en el corral. Un hombre que logró sentarse sobre el caballo, un jinete experto que se montó sobre él para domarlo.

Cuando niño, tuve la oportunidad de ver a un jinete sobre su caballo que relinchaba y daba patadas como si pudiera hablar diciendo *"¡hey!... bájate de mí, no estoy acostumbrado a esta carga, bájate, quítate de mí..."* pero la persistencia del jinete sobre el caballo era tal que el jinete pudo haber pensado: *"a ti, te domino yo. Serás más grande que yo, pero yo estoy sobre ti"*. El jinete continuó su dominio y poco a poco el caballo cedió su voluntad a la voluntad de un hombre que era menor en fuerza y estatura, comparado con el caballo.

Medite en esto: Eso es precisamente lo que el diablo desea hacer con usted, conmigo y con el resto de la humanidad. Él desea controlar y dominar a las personas de la misma manera que el jinete al caballo. Desea manipularlo de un lugar a otro y lo quiere obligar para que vaya de aquí y para allá, a la voluntad de él. Desea controlar al ser humano con patrones de pensamientos equívocos y erróneos para llevarlo al mismo infierno. Desea entregar al hombre a los diversos vicios y toda clase de aberraciones pecaminosas, dominando las mentes que no tienen a Dios. Él, una vez encima del hombre(o mujer) que cede a su voluntad, al igual que el jinete controla al caballo por dónde él quería. ¡NO SE LO PERMITA! ¿Sabe por qué? Porque él no es un jinete y usted no es un caballo.

El elefante y el entrenador

Así como el jinete y el caballo, antes citados, del mismo modo sucede con el elefante, ¿los ha visto en el circo? cuando ellos no están teniendo su participación frente al público, los tienen amarrados a una cadena que conecta a una pequeña estaca. Cuando usted ve eso, piensa; *"seguramente ese animal tan grande y pesado puede zafarse de esa cadena y de esa estaca fácilmente"*. Pero si usted nota, cuando el elefante desea dar un paso, él siente que la cadena lo detiene y no hace el intento de zafarse ¿sabe por qué? porque su atadura no está en la pata del elefante, está en su mente, ¿me explico?, entonces, lo primero que hace el entrenador cuando va creciendo el elefante es amarrarle la pata de atrás con una cadena bien gruesa, conectada a una estaca de hierro, enterrada bien profunda para que él no pueda zafarse. Por lo general lo atan a la misma pata, ya que una de las cualidades del elefante es su retentiva. El pobre elefante trata y trata de zafarse de la cadena que lo ata, pero no puede. Él trata y lo intenta día tras día. Hala persistentemente sin lograr ningún éxito. Así va creciendo en estatura y fuerza, pero sin poder arrancar la estaca o romper las cadenas. Llega a un punto donde en su mente él dice: (si pudiera hablar, por supuesto) *"No importa lo que haga, no podré zafarme de estas cadenas"*. Es por eso, que cuando llega a adulto, el elefante en el momento en que siente las cadenas, al querer dar un paso, ni siquiera hace el intento de romper su atadura.

Él es lo suficientemente fuerte para poder arrancar la estaca y la cadena, pero, como su pensamiento predominante es *"Yo no puedo,* no puedo salir de esta atadura", él cree que no podrá. **Su mente aceptó esa condición por tantos años, al aceptar esa condición de estar atado por tanto tiempo que pareciera que se dijera a sí mismo:** ***"yo no puedo salir de esta atadura".*** Los cristianos sabemos que Jesucristo el Señor rompió las cadenas por nosotros y nos hizo libres de las ataduras del diablo y nos dio poder sobre él (Lucas 10:19). No obstante hay muchos cristianos que tal vez ignoran este detalle.

Otro detalle interesante es el que pasó con los esclavos. ¿Sabía usted que muchos de los esclavos americanos de la raza negra permanecieron como esclavos, aún años después de la abolición de la esclavitud? Bueno, ellos eran completamente libres, pero permanecían con esa "atadura" por años, por ignorar lo que el Presidente Abraham Lincoln había hecho por ellos. O tal vez, por haberse acostumbrado a la condición de esclavos, donde otros decidían por ellos; o, tal vez ellos no sabían qué hacer con esa libertad. **De la misma manera muchas personas permanecen atadas en sus mentes por ignorar lo que el Señor Jesucristo hizo por ellos.** Karl Marx dijo que: *"La religión es el opio de los pueblos"*. El opio es una droga, un alucinógeno. La persona que es influenciando por el opio le deja la mente en "neutro", como los carros (automóviles). Considero que es la ignorancia el opio de las personas más que la religión.

En el libro de Oseas, Cap. 4, verso 6 dice: *"Mi pueblo fue destruido, porque le faltó conocimiento"*. Ese conocimiento lo podemos adquirir si leemos las Escrituras. La ignorancia de la misma nos mantendrá limitados, o si no, nos mantendrá aislados. ¿Recuerda cuando Satanás tentó al Señor Jesucristo en el desierto? (Lucas, Cap. 4, verso del 1 al 13) la respuesta del Señor a Satanás fue: *"...escrito está, escrito está..."* mientras usted no lea lo que está escrito en la Biblia y lo entienda; entonces el diablo le sacará provecho a esa ignorancia.

Dios le dio a un hombre una instrucción hace cuatro mil años atrás, que es válida aún en nuestros días. Josué, Cap. 1, verso 8 dice: *"Nunca se apartará de tu boca este libro de la ley, sino que de día y de noche meditarás en él para que guardes y hagas conforme a todo lo que en él está escrito; porque entonces harás prosperar tu camino y todo te saldrá bien".*

Al decir *"nunca se apartará de tu boca este Libro de la Ley"* Dios le estaba diciendo, léelo en voz alta, léelo en forma recitada, conoce lo que digo en él, conoce cómo Yo procedo, como soy, cuán grande es mi poder. Conoce mis promesas, conoce que no cambio, que no soy hombre para que mienta, ni hijo de hombre para que me arrepienta. Él dijo ¿y no hará? Habló ¿y no lo ejecutará?

La idea central es la de pensar, meditar, confesar y guardar lo que Dios dice hacer conforme lo que está escrito ahí. El beneficio es *"...porque entonces harás prosperar tu camino y todo te saldrá bien".*

La Biblia nos habla de las bendiciones de Dios, de su carácter y atributos, pero además nos habla de nuestro enemigo, de lo que puede hacer en contra nuestra. sin embargo, también la Biblia nos enseña cómo vencerlo; pero, si ignoramos lo que la Biblia dice en cuanto a nuestra posición en Cristo e ignoramos lo que Dios en Cristo Jesús hizo por nosotros, entonces permaneceremos enajenados de la autoridad que tenemos sobre él.

Dios instruyó a Josué a que meditara y confesara lo que estaba escrito en el Libro de la Ley, con el propósito de que todo lo que había en él produjera los pensamientos predominantes en su mente. Dios le dijo a Josué, en el Capítulo 1, verso 5: *"Nadie podrá hacer frente en todos los días de tu vida; como estuve con Moisés, estaré contigo; no te dejaré, ni te desampararé".*

Dios quería que esas palabras de aliento fuera el pensamiento predominante en la mente de Josué. Ese pensamiento le iba a producir confianza, certidumbre y paz. Sabía que si llevaba ese pensamiento al corazón, a la hora de venir el enemigo, él no se iba a amedrentar. Por el contrario, lo iba a poder confrontar. Toda la valentía que expresaron los labios de Josué fue producto de las promesas de Dios para él y ese fue uno de sus pensamientos predominante.

Lea la Biblia, medite en ella, confiésela, y haga lo que dice en ella. Hágala su pensamiento predominante, aplique en su vida lo que en ella está escrito. Por ejemplo: si usted es una persona que vive siempre en temor porque sabe que existe mucho crimen y piensa que usted podría ser la próxima víctima, eso se podría convertir en un pensamiento predominante. Si usted se lo permite, créame que vivirá el resto de su vida bajo la presión de ese temor. Pero, si lee las Escrituras y medita en ellas y busca lo que Dios le promete a usted, se sentirá confiado y protegido por Él. Por ejemplo; me gusta citar, I de Pedro, Cap. 5, verso 7: *"...echando toda vuestra ansiedad sobre él, porque él tiene cuidado de vosotros".* Mientras más fuerte se hace este verso en mí, más se convierte en mi pensamiento predominante. Lo he tenido que hacer porque he tenido mis dificultades y he buscado refugio en este pasaje de las Escrituras.

Otra recomendación que me gustaría darle está en el libro de Mateo (Cap. 6, verso 25 al 34. (25) *Por tanto os digo: No os afanéis por vuestra vida, qué habéis de comer o qué habéis de beber; ni por vuestro cuerpo, qué habéis de vestir. ¿No es la vida más que el alimento, y el cuerpo más que el vestido? (26)Mirad las aves del cielo, que no siembran ni siegan, ni recogen en graneros; y vuestro Padre celestial las alimenta. ¿No valéis vosotros mucho más que ellas? (27) ¿Y quién de vosotros podrá, por mucho que se afane, añadir a su estatura un codo? (28) Y por el vestido, ¿por qué os afanáis? Considerad los lirios del campo, como crecen. No trabajan ni hilan; (29) pero os digo, que ni aún Salomón, con toda su gloria se vistió como uno de ellos. (30) Y si la hierba del campo que hoy es, y mañana se echa al horno, Dios la viste así, ¿No hará mucho más a vosotros, hombres de poca fe? (31) No os afanéis, pues, diciendo: ¿Qué comeremos o qué beberemos o qué vestiremos? (32) Porque los gentiles buscan todas estas cosas; pero vuestro Padre celestial sabe que tenéis necesidad de todas estas cosas. (33) Mas buscad primeramente el reino de Dios y su justicia, y todas estas cosas os serán añadidas. (34) Así que, no os afanéis por el día de mañana, porque el día de mañana traerá su afán, basta a cada día su propio mal.*

Si usted hace de su pensamiento predominante esos versículos que acabó de leer, por más crisis económica que exista, usted vivirá confiado y siempre tendrá provisión.

En fin, lea la Biblia y obedezca lo que se dice en ella. Recuerde que en muchos casos Dios da instrucciones y no explica el porqué, en otros casos sí lo hace; pero si aun así usted se preguntara ¿cómo puedo vencer este pensamiento predominante negativo que me roba la paz? Le daré la solución bíblica para ello. Pero antes, déjeme decirles lo que hice un domingo en la mañana, antes de llegar a la iglesia. Desperté inquieto por una pesadilla que quedó grabada en mi mente. Es de esos sueños tormentosos que le quieren robar la paz a uno durante todo el día.

Decidí cambiar el recuerdo de aquella pesadilla por un pensamiento predominante positivo y me puse a pensar acerca de las expectativas que tengo hacia el futuro. Lo que haré en el ministerio, los logros que alcanzaré, los obstáculos que venceré, etc. Mi pensamiento predominante, el cual iba escalando era respecto a lo que Dios hará a través de mí. Su favor, sus bendiciones, en fin, para cuando llegué a la Iglesia, ese domingo en la mañana, mi ánimo estaba por el cielo. Hasta me sentí con mucha más energía. Me sentía tan bien que mi rostro reflejó un tremendo estado anímico. Todo, porque decidí sustituir un pensamiento o impresión negativo, producto de una pesadilla, por un pensamiento predominante positivo.

Este es un buen ejercicio el cual sugiero que usted debería probar y ponerlo en práctica. Elija un pensamiento predominante positivo en su mente, como no es bueno mirar hacia el pasado, enfóquese en un mejor presente. (Sólo mire al pasado para aprender de los errores cometidos para no volverlos a cometer). O, si desea un mejor futuro, enfóquese en cómo será y cómo desea que sea. Por ejemplo: si eres un joven soltero, puedes pensar en cómo será tu encuentro con el amor de tu vida. Si eres empresario, puedes enfocar tu pensamiento en la clase de empresa que deseas desarrollar.

Los pensamientos buenos y saludables te pueden ayudar aún para la autoestima. También puede enfocar sus pensamientos en las promesas que se encuentran en la Palabra de Dios. (Él no miente).

Una advertencia; sea práctico y realista en su forma de pensar. No entre en fantasías que sabe que no son posible ni realizables en usted. Sea objetivo y realista no fantasioso. Una buena solución bíblica para los pensamientos dañinos, obsesivos u otros, se encuentran en II de Corintios, Cap. 10 versos 3 al 5, dice: *"Pues aunque andamos en la carne no militamos según la carne; porque las armas de nuestra milicia no son carnales sino poderosas en Dios para la destrucción de fortalezas, derribando argumentos y toda altivez que se levanta contra el conocimiento de*

Dios y llevando cautivo todo pensamiento a la obediencia a Cristo...."

Usted debe usar su autoridad delegada de destruir y llevar cautivos esos pensamientos y someterlos al Señorío del Señor Jesucristo. Ejerza la autoridad que usted tiene (si es cristiano), la cual se encuentra en Lucas, Cap. 10, verso 19. Entienda a quién pertenece y lo que hizo Cristo por usted. Ver, Colosenses Cap. 1, verso 13.

Otra recomendación muy buena se encuentra en Filipenses, Cap. 4, verso 8 que dice: *"Por lo demás hermanos, todo lo que es verdadero, todo lo honesto, todo lo justo, todo lo puro, todo lo amable, todo lo que es de buen nombre; si hay virtud alguna, si algo digno de alabanza, en esto PENSAD".*

Si ocupamos los pensamientos en las cosas arriba mencionadas, los malos pensamientos se van a disipar poco a poco y la mente estará en paz.

Otra recomendación que podría poner en práctica, se encuentra en Proverbios, Cap. 16, verso 3 dice: *"Encomienda a Jehová tus obras y tus pensamientos serán afirmados".* Recuerde someter los pensamientos al Señorío de Jesucristo. El diablo lo esperará cuando usted se despierte en la mañana y tratará de poner de inmediato pensamientos destructivos de cualquier índole para robarle la paz ese día.

Deseo compartir con ustedes una experiencia personal por la cual pasé. Por un período de tiempo fui atormentado por un pensamiento obsesivo día y noche. Era una tortura, era como el aguijón de Pablo. Me estaba volviendo loco literalmente, hasta que decidí que, en cada mañana al despertar, aun estando en la cama, orar en contra de esos pensamientos. Ponía mi mano sobre mi frente y sometía ese pensamiento al Señorío de Jesucristo. No fue de la noche a la mañana que este pensamiento obsesivo cesó, pero, poco a poco, ese pensamiento cedía al Señorío de Jesucristo. ¡Ya no soy atormentado! ¡Gloria a Dios!

He aquí una lista de pensamientos que debería evitar en su mente. Recuerde que este capítulo es sobre "velar por lo que piensa":

- Evite los pensamientos de suicidio. no los entretengas, en lugar, piense en las cosas bonitas de la vida.
- Evite los pensamientos de lujuria. medite en la Palabra del Señor.
- Evite pensar en lo que pudo o no pudo hacer, o haber hecho en el pasado. deje el pasado allí donde está. no lo visite. si lo hace, es posible que usted se quede allí. sólo visite el pasado para lidiar con la persona o las circunstancias que lo hirieron. una vez resuelto el conflicto con el pasado, no lo visite más.

- No piense en las cosas que le puedan producir nostalgia. hay personas que se deprimen escuchando la música de los '70. cuando escuchan estas melodías, las disfrutan, pero luego de terminar de escuchar esa música terminan con nostalgia y depresión. piense en los momentos de felicidad que tuvo en el pasado, y disfrute de ellos.
- Tampoco piense ni se enfoque en el pecado que hizo en el pasado. si pidió perdón por ello, ya es borrón y cuenta nueva. ya Dios lo perdonó.
- No piense en los "defectos" que cree que tienes en tu cuerpo, piense más bien en sus virtudes.
- 7) No pierda el tiempo pensando a quién le cae mal. ese es problema de ellos y no suyo.
- Preste mucha atención a su pensamiento predominante. recuerde, ese pensamiento o pensamientos son los que van a regular o regir sus confesiones, sus emociones y aún sus acciones.
- No entretenga los pensamientos de odio o rencor, eso podría enfermar su alma, no la del otro (a).
- No maquine en sus pensamientos de cómo hacer venganza, déjele eso a Dios. la Biblia dice que *"Dios es su juez"*.

- No piense en las injusticias que le han hecho. recuerde, Dios aborrece la injusticia, a su debido tiempo Él le hará justicia.
- No gaste su energía pensando en cómo resolver hoy el problema de mañana, si sabe que tiene que esperar al otro día.
- No pierda el tiempo pensando en lo que su enemigo maquina en su contra. Dios es su defensor y protector.
- No entretenga los pensamientos de lo bueno y placentero del pecado, te morderá como una serpiente. Más bien, huya del pecado.
- Evite pensar en las cosas o en las personas que le desaniman; eso le robará sus fuerzas. Más bien, comparta con las personas que le hacen feliz.
- No piense en lo que no puede resolver. Reconozca sus limitaciones.
- No piense en las cosas que le causan desaliento, remordimiento, en los tantos fracasos. mire el ejemplo de Thomas Edison, el inventor de la lámpara de luz incandescente comercial. un hombre se le acercó y le preguntó: *"¿Cómo es que persiste en seguir su descubrimiento, si ha fracasado más de dos mil veces? Thomas Edison le contestó: "Yo no fracasé, simplemente*

descubrí dos mil formas que no produjeron el resultado que esperaba".

En lugar de lo anterior, tenga pensamientos positivos

- Piense en todo lo bueno, aprenda a contar sus bendiciones.
- Piense en lo que le da ánimo.
- Piense en lo que deseas ver en su futuro.
- Piense en sus logros y si no tiene ninguno piense en los que logrará.
- Piense en términos de metas y proyectos.

Finalmente si no sabe en cuál dirección dirigir sus pensamientos, bueno, entonces, piense en Dios, en Sus atributos. Dios es amor es misericordioso, bondadoso, es todo poder y todo conocimiento. Él prometió en la Biblia que estaría usted y que NO le dejaría, que Él es por usted, no contra usted.

Jesucristo dijo en Mateo, Cap. 28 verso 20b *".... y he aquí yo estoy con vosotros todos los días, hasta el fin del mundo."* ¡AMEN! NO LO OLVIDE.

Mi oración por ti

Padre santo, Padre bueno, Padre de luz, elevo ante tu presencia a la persona que ha leído este capítulo, para que sus pensamientos negativos o destructivos sean transformados en un pensamiento predominante positivo y productivo. Que traiga paz a su mente, que le traiga soluciones. Dale un nuevo enfoque, dale la mente de Cristo, y que pueda pensar en todo lo bueno, todo lo justo, lo de buen nombre, todo lo puro y todo lo que te agrade a Ti. En el nombre de Jesucristo, el Señor, te lo pido. Amén.

"Sobre toda cosa guardada, guarda tu corazón,
Porque de él mana la vida".
Proverbios, Cap. 4:23

"Lo que daña el alma y pudre el corazón son perversidades que viene o nacen del corazón del maligno, usted pues, no las crie."

Víctor M. Santiago

Capítulo II

Vele por lo que hay en su corazón

Lucas, Cap. 6, versos 43-45, dice:

(43) "No es buen árbol el que da malos frutos, ni el árbol malo el que da buenos frutos. (44)Porque cada árbol se conoce por su fruto; pues no se cosechan higos de los espinos, ni de las zarzas se vendimian uvas. (45) El hombre bueno, del buen tesoro de su corazón saca lo bueno; y el hombre malo, del mal tesoro de su corazón saca lo malo; porque de la abundancia del corazón habla la boca".

Conozco un varón de Dios el cual un día oraba al Señor. En la oración se le ocurrió pedirle a Dios que le mostrara lo que había en su corazón. Ese día estuvo delante de la presencia de Dios por varias horas. *"Señor, muéstrame lo que hay en mi corazón"*. Fue su oración. Al otro día se fue a orar más o menos a la misma hora que estuvo orando el día anterior. Mientras oraba, escuchó en su espíritu algo, sin percatarse que era la voz de Dios que le decía las diferentes cosas negativas que había en su corazón. El varón de Dios impactado por lo que oía; gritó y dijo: *"Que el Señor te reprenda Satanás. Yo nunca he hecho eso en mi vida"*. Este varón se había olvidado de la oración que había hecho el día anterior.

Siguió reprendiendo por un rato hasta que se acordó de la oración que había hecho el día anterior. El Señor le dejó saber que era Él quién le había hablado. El varón de Dios le decía: *"pero Señor, ¿cómo es posible que esas cosas tan feas las cuales ninguna yo he cometido puedan estar en mi corazón?"* la respuesta de Dios fue la siguiente: *"el hecho de que nunca se hayan manifestado no significa que no están guardadas en tu corazón".* El varón de Dios no podía creer lo que escuchaba. Se preguntaba: *¿cómo puede ser posible tal cosa? ¿Puede una persona tener homicidio en su corazón sin cometer el acto?*

Se ha sabido de personas que nunca han "matado una mosca", por así decirlo, pero que han cometido homicidios y hasta crímenes. Lo irónico es que han sido hasta miembros respetables de diferentes organizaciones, incluyendo hasta Iglesias cristianas.

La problemática está en una mente llena de pensamientos trastornados, dañados y distorsionados. Son corazones endurecidos, llenos de obstinación, que le han cerrado las puertas a la voz de la conciencia y el entendimiento. Se han hecho corruptos por la influencia, ya sea del pecado que mora en el hombre y que nace con él. Ya sea por los abusos recibidos en el hogar, por actos de injusticia, por prejuicios raciales por violaciones, engaños, envidias, e incesto, etc.

Se podría nombrar decenas y docenas de conflictos que contribuyen a la dureza y trastornos de la mente y del corazón. En una ocasión, un Pastor, amigo mío, al que señalaron por ser muy débil de carácter, a lo cual él respondió, *"yo no soy blandito usted es el duro que no se deja enseñar, que no se deja discipular por la obstinación de su corazón".*

Algo para meditar

En los días, en que vivimos con tanto pecado que hay, la vida libre que se vive, con tanta maldad que existe, tanto odio entre las personas, tantos que hacen el mal, es difícil tener o mantener una vida equilibrada si no se tiene a Jesucristo, por supuesto. Tanto es así que hay demasiados síquicos haciéndose ricos por lo confundidas que se encuentran las personas. El mundo en que ellos viven se les está cayendo encima y la desesperación de ellos es tan grande que recurren a los síquicos para buscar consuelo para sus almas. Otros terminan en hospitales de psiquiatría porque el mundo de cada una de estas personas está fuera de control. No viven vidas balanceadas, y tanto es el caos mental y emocional que muchos terminan en el suicidio.

Cuando en el ser interior, o el corazón, de una persona no hay un balance u orden no puede haber paz. Los pensamientos se confunden con ideas erróneas comienzan a pensar negativamente de Si mismos. Le ven faltas al esposo, (a) ven faltas en todas las personas. En sus pensamientos tienen el concepto de que todo está mal. Pero, no es que todo este mal, es que su ser interior, su corazón, está dañado.

Cuando hay conflictos internos, se produce en la persona toda clase de pensamientos y de sentimientos distorsionados. Emocionalmente está fuera de control, el corazón se llena de amargura, o de resentimientos. Hay angustia en su Ser, hay una sensación grande de insatisfacción. Su conducta es ambivalente y variable. La persona puede aparentar estar tranquila, pero es una bomba de tiempo, que al sonar explota, y cuando explota sale lastimado todo aquel que está a su alrededor. Hay un desbalance emocional, si es una dama, podría estallar en llantos y si es hombre podría soltar toda clase de maldiciones ¿por qué? porque no hay un balance en el corazón. ¡No hay paz!

¿Sabía que cuando una persona no tiene paz en su corazón lo refleja en su comportamiento, y el mismo se hace obvio? Usted lo quiere ocultar fingiendo un comportamiento el cual no es suyo, no es verdadero y se convierte en un actor o en una actriz donde no quiere que nadie vea por fuera el desorden que hay dentro. **Es por eso que les digo a mis oyentes en la Iglesia cuando predico que no se enfoquen mucho en cómo procede o actúa una persona porque podría ser una apariencia, una actuación. Sugiero que más bien observe cómo reacciona esa persona ante una situación, porque, por lo general, esa reacción es natural y espontanea no es fingida, porque lo toma por sorpresa.** En II de Corintios, Cap. 5, verso 12 dice: *"No nos recomendamos pues, otra vez a vosotros, sino os damos ocasión de gloriarnos por nosotros para que tengáis con que responder a los que se glorían en las apariencias y no en el corazón".*

Como ministro he tenido que lidiar con muchas personas y no se me hace difícil ver cuando en el corazón de esas personas algo anda mal. Sólo necesito hablar unos minutos y puedo darme cuenta de que hay un conflicto. La confesión de la boca es evidencia de lo que hay en el corazón. Cuando de la boca sale queja, chisme, odio, crítica, ira, maldición, argumentos, etc. es el corazón manifestando su condición. La Biblia dice, en Lucas, 6:45, *"...porque de la abundancia del corazón habla la boca."*

Cuando usted va a un consejero, este consejero o psicólogo, si es bueno, usted notará que él callará prácticamente todo el tiempo de la consulta. ¿Por qué? porque al usted expresar sus problemas e inquietudes, él escucha lo que silenciosamente habla su corazón, el Señor Jesucristo dijo que *"el hombre malo del mal tercero de su corazón habla"*. **Las personas sin discernimiento, sin discreción, revelan tantas y tantas cosas privadas sin mencionarlas abiertamente; su corazón hace el trabajo.**

Usted pensará que cuando el Señor hablaba del "mal tesoro del corazón del hombre", tal vez hablaba de un criminal o una persona sin escrúpulos, una persona totalmente mala, de esa que hacen daño aquí y allá, esos son obvios, pero que tal de aquellos que no hablan palabras dañinas, pero en el corazón están llenos de insubordinación de rebeldía, de soberbia, no se someten a la autoridad de sus superiores.

En ocasiones he hablado con personas que han visitado la Iglesia la cual pastoreaba, y no me ha tomado mucho tiempo para discernir sus intenciones y lo que hay en sus corazones, por lo que expresan sus palabras. todo Pastor, debe darse el tiempo necesario para escuchar lo que las personas tienen que decir para mejor discernir lo que hay en sus corazones y para que el Espíritu Santo le dé testimonio de ellos.

En una ocasión, una persona vino a la Iglesia a la cual pastoreaba, con la intención de tener participación en el Servicio. Mientras conversábamos, percibí que este hombre no se sometía a su Pastor, porque las cosas que decía, mostraba deshonra y soberbia hacia su líder. La opinión de su Pastor no significaba nada para él. Por eso, aproveché el incidente, hablé con la Iglesia y le pedí a los hermanos que antes de invitar a alguna persona a predicar, cantar o tocar algún instrumento, se me consultara primero para verificar su testimonio. Tal vez la persona que lo invitó deseaba compartir con la Iglesia el talento musical de este hermano. Sin embargo, para mí es más importante escuchar lo que hay en su corazón, a través del diálogo.

Otra experiencia que deseo compartir con usted ocurrió en una Iglesia, lejana a la ciudad donde me encontraba. Ellos recibieron a un predicador autodenominado como *"el jefe de los apóstoles"*. Él se proclamaba ser profeta, le gustaba impresionar a sus oyentes acerca de la influencia que tenía con el gobierno de su país natal, (yo percibía que algo andaba mal con este individuo). Las personas lo escuchaban con cierta admiración. Escuchaban sus palabras, a pesar de que no tenía ninguna evidencia de lo que proclamaba ser o hacer.

Este hombre fue a esa iglesia y ellos quedaron impresionados por su "don profético". Él, siendo un manipulador experimentado, sacó provecho de la inocencia de los pastores y de la Iglesia. Luego se descubrió que esta persona había abusado de dos jovencitas de esa Iglesia. Su método era tocar las partes íntimas de ellas, para, según él, librarlas de los demonios. ¡Qué ridiculez y falta de moral!

Luego nos informamos de que este hombre tenía ese método como práctica. Él había realizado lo mismo en otras iglesias. Este hombre no es un profeta de Dios, este hombre es un pedófilo sin escrúpulos que debería estar en prisión por largo tiempo.

Pero, ¿por qué sucede esto? Porque no se toman el tiempo para ver el fruto de las personas. Uno de los pasajes bíblicos que encabeza este capítulo dice *"...el hombre bueno, del buen tesoro de su corazón saca lo bueno, y el malo del mal tesoro de su corazón saca lo malo"*. Lucas, Cap. 6, verso 45.

Observe el énfasis en Lucas, Cap. 6, versos 43 al 45, el tema del mismo es sobre lo que hay en el corazón del hombre y que se evidencia por lo que dice. Sin embargo, el mismo recuento lo vemos en el libro de Mateo, Cap. 7, versos del 15 al 21. El énfasis aquí es diferente. Lo que dice no es lo que se evidencia, sino por lo que se hace.

Así es que usted no conoce la calidad, la altura e integridad de un "hombre de Dios" por los dones que pudiera tener, lo conoce por su fruto. Tanto las palabras como las acciones del individuo vienen del "mal tesoro, o del buen tesoro" del corazón. Por eso, les sugiero y exhorto a que "vele por lo que hay en su corazón".

Jeremías, Cap. 17 versos 9 al 10 dice: *"Engañoso es el corazón más que todas las cosas y perverso ¿quién lo conocerá?"* Dios lo conoce. El verso 10 de ese mismo capítulo dice: *"Yo Jehová que escudriño la mente, que pruebo <u>el corazón,</u> para dar a cada uno según su camino, según el fruto de sus obras".*

Otra vez les recuerdo, a las personas no se le conoce por sus "dones" sino por sus "frutos". Observe siempre el fruto de la persona, eso habla más que sus palabras. El estilo de vida de una persona y las prácticas que hace a diario no solo revelan cómo piensa, sino que revelan lo que hay en su corazón. Esa fue la protesta de Dios encontrada en Isaías Cap. 29 verso 13 que dice: *"Este pueblo de labios me honra pero su corazón está lejos de MÍ".* En otras palabras, me dicen que me aman y no hacen lo que les digo. Tanto usted como yo mostramos nuestro amor a Dios por la obediencia, por nuestras obras y el fruto que damos.

2da de Corintios, Cap. 13 verso 5 dice: *"Examinaos a vosotros mismos si estáis en la fe; probaos a vosotros mismos. ¿O, no os conocéis a vosotros mismos, que Jesucristo está en vosotros a menos que estéis reprobado?"*.

La Palabra de Dios es el mejor espejo para mirarse en ella. Léala, ella le enseñará cómo debe comportarse. La Biblia le revelará lo que hay en su corazón, ella le revelará quién es usted verdaderamente. Además le dirá los cambios que necesita hacer para ser una mejor persona, un mejor cristiano y le enseñará cómo servir mejor a Dios; quién es la persona a la que debe agradar diariamente. El Salmo 119 verso 105 dice: *"Lámpara es a mis pies tu palabra, y lumbrera a mi camino"* Efesios 5, verso 13 dice: *"Mas todas las cosas, cuando son puestas en evidencia por la luz, son hechas manifiestas; porque la luz es lo que manifiesta todo"*.

Vele por lo que hay en su corazón, vele por aquellas cosas que pueden ser muy dañinas y perjudiciales en su vida.

Hay madres que dicen: *"oh, mi hijo es un buen hijo"*. Lo único que tiene es un poquito de mal genio (carácter)" tenga cuidado con ese *"poquito de mal genio"*, podría tener la capacidad de quitarle la vida a alguien. **Dadas las circunstancias, bajo la debida presión, muchas cosas que están guardadas en el corazón pueden** aflorar. **Estas salen cuando las circunstancias son favorables para la manifestación de eso que está en el corazón**, ¿ha observado el rostro de la juventud de hoy día? Lo que yo veo, es odio, es el reflejo de lo que hay en su corazón.

Esas son las pequeñas cosas a las que cada individuo debería estar prestando atención; se les llama "las pequeñas zorras". En el libro de Cantar de los Cantares hay un versículo tan corto, pero que encierra tanta verdad. El Cap. 2 verso 15 dice: *"Cazadnos las zorras, las zorras pequeñas que echan a perder las viñas; porque nuestras viñas están en cierne."* estar en cierne significa, estar floreciendo o en desarrollo. Yo comparo a las zorras pequeñas con un comportamiento aparentemente inofensivo que destruyen y hacen daño al individuo y a otros. Son pequeñas zorras que pueden estar impidiendo nuestra relación con los hermanos en Cristo, nuestros familiares, compañeros de trabajo con quien compartimos a diario; y específicamente con nuestra relación con Dios. Esa es la viña que más deberíamos cuidar. De todas maneras, usted fue creado, no solamente para servirle sino también para agradarle a Él. Por eso es que le recuerdo, "vele por lo que hay en su corazón".

Usted vela lo que hay en su corazón, observando lo que piensa, lo que confiesa, lo que hace como práctica diaria. Si usted está entrando en una relación nueva o ya está en una, digamos amorosa, y la persona que usted sabe que lo ama, se queja de un comportamiento suyo, préstele atención a esa queja. En este caso, la relación amorosa es su viña y su comportamiento errático es una pequeña zorra que le va a destruir esa viña.

Son las pequeña "zorritas" las que al no corregirse a tiempo, traen destrucción a nuestras viñas, especialmente cuando se está en cierne, cuando se está a punto de florecer. Estas pequeñas zorras hay que corregirlas ya sea en el matrimonio, en la relación entre hermanos en la Iglesia, en los ministerios y en nuestra relación con Dios.

Proteja su viña, vele lo que hay en su corazón por favor. Al final de este capítulo le daré unas sugerencias sobre las cosas por las cuales debe velar en su corazón, aunque se vean inofensivas. Los comportamientos, si no se corrigen a tiempo, evolucionarán, crecerán y empeorarán. Si en su corazón hay algo que sabe que es dañino, busque ayuda, porque puede destruirlo a usted y a otros.

En una ocasión, me llamó un amigo que vivía en una ciudad cerca de la mía. Este amigo se mudó a más de 300 millas de distancia de la ciudad donde yo residía. Mi amigo me llamó para hablarme del nuevo vecindario al cual se había mudado pensando que el cambio le haría bien. Pensaba que tal vez haciendo ese cambio podría prosperar ya que en la ciudad donde vivía estaba batallando. Era una situación precaria la que vivía en esa ciudad.

Ese día que me llamó me contó que las cosas no habían cambiado en lo absoluto. Me dijo que encontró una Iglesia y que los hermanos ya lo reconocían a él en las calles, me decía: *"Ya las personas me reconocen y cuando me ven en la calle me llaman por mi seudónimo para saludarme"*.

Cuando él mencionó su seudónimo auto impuesto, escuché la voz de Dios en mi espíritu que me decía: *"él tiene que perdonar"*. ÉL continuaba hablando, mientras yo meditaba en lo escuchaba en mi corazón: *"'él tiene que perdonar"*. Estábamos culminando la conversación y yo no podía despedirme sin antes decirle lo que había escuchado en mi corazón (espíritu) mientras hablaba con él. Le dije a mi amigo: *"escuché en mi espíritu que tienes que perdonar"*. Hubo un silencio sepulcral. Permítame explicarle lo que pasó con mi amigo. Él fue criado por su padrastro y él abusó mental, física y sexualmente de mi amigo cuando él era niño. Él guardó un odio en su corazón, que aún después de la muerte del padrastro continuaba odiándolo con todo su corazón. El hombre murió, pero el odio en el corazón de mi amigo permanecía.

El nombre de mi amigo era igual que el de su padrastro, pero era tanto el odio en su corazón que se cambió su nombre por un seudónimo. Aun todos los documentos legales de mi amigo están con el nombre de su seudónimo y no su nombre verdadero. El odio es tanto que hasta se cambió de nombre por no escuchar ese nombre. Cada vez que él escucha ese nombre, se activa cuanta célula de odio que hay en su corazón. Este odio ha permanecido por muchos años en el corazón de mi amigo, ¿cuál es el problema? la falta de perdón. La persona que guarda resentimiento por algo que le hicieron en un momento dado de su vida, y se resiste a perdonar, tampoco puede recibir el perdón de Dios (Mateo, 6:15). Una persona que no recibe el perdón de Dios, permanece en su pecado. Proverbios, Cap. 28, verso 13-14 dice: *"El que encubre sus pecados no prosperará; mas el que los confiesa y se aparta alcanzará misericordia. Bienaventurado el hombre que siempre teme a Dios; mas el que endurece su corazón caerá en el mal"*.

Mi amigo no ha podido prosperar y siempre va de mal en peor. No importa dónde se mude, permanecerá en esa condición, porque en el caso de él, su falta de prosperidad es por la falta de perdón en su corazón. Usted se puede mudar de ciudad, pero el problema se muda juntamente con usted. En el caso de otras personas que tienen el mismo problema de falta de perdón experimentan enfermedades en el cuerpo y aún psicológicas.

Conozco personas que llevan años con la misma enfermedad, que no reciben sanidad. No la recibirán porque la raíz de su enfermedad se encuentra en su corazón que no desea perdonar. Esa es una de las consecuencias de la falta de perdón. En Proverbios, Cap. 14, verso 10 dice: *"El corazón conoce la amargura de su alma; y extraño no se entremeterá en su alegría"*.

Puede que muchos de los que lean este capítulo sean personas con un problema parecido al de mi amigo. Si usted es uno de ellos, le digo por medio del Espíritu Santo, que arranque el odio de su corazón y perdone a quien le haya lastimado, porque no vale la pena mantener en la memoria de su corazón a esa persona o lo que le haya hecho, no se lo merece, perdónelo (a) y sea libre de esa emoción que le esclaviza, le prometo que verá cambios drásticos en su vida, esto se lo digo en el nombre del Señor Jesucristo, Amén.

Si desea, detenga la lectura ahora mismo y pídale a Dios la gracia y el deseo para poder perdonar, si se le hace difícil. Dios no fallará en ayudarle, *"Él quiere darte gloria en lugar de ceniza, oleo de gozo, en lugar de luto, manto de alegría, en lugar de un espíritu angustiado"*. Isaías 61 verso 3. Tal vez debe orar como David oró en el Salmo 51, verso 10: *"Crea en mí, oh, Dios un corazón limpio, y renueva un espíritu recto dentro de mí."*

El manantial de tu corazón

Uno de los versículos más conocido de Biblia se encuentra en Proverbios, Cap. 4 verso 23: *"Sobre toda cosa guardada, guarda tu corazón; porque de él mana la vida"*. el rey Salomón escribió este proverbio y si alguien cualificaba para dar este consejo era él.

En I de Reyes, Cap. 3, verso 5, Dios le hace una oferta a Salomón: *"Y se le apareció Jehová a Salomón en Gabaón una noche en sueños y le dijo Dios: Pide lo que quieras que yo te dé".* Ya quisiera yo recibir la misma oferta, tengo una lista larga. y en el verso 9, Salomón hace su petición: *"Da, pues a tu siervo corazón entendido para juzgar a tu pueblo, y para discernir entre lo bueno y lo malo; porque ¿quién podrá gobernar este pueblo tan grande?"* El Ira de Reyes, Cap. 3, verso 10 dice: *"Y agradó delante del Señor que Salomón pidiera esto".* Dios le contestó esa petición. Y en el verso 12 dice: *"...he aquí que te he dado corazón sabio y entendido, tanto que no ha habido ante ti otro como tú, ni después de ti se levantará otro como tú".* Wow, ¡Que bendición!

Por su sabiduría Salomón tuvo un reinado, bien próspero. En Ira de Reyes, Cap. 4, verso 21 dice: *"Y Salomón señoreaba sobre todos los reinos desde el Éufrates hasta la tierra de los filisteos...."* Salomón tenía muchas riquezas y mucha influencia. En el verso 29 del mismo capítulo dice: *"Y Dios dio a Salomón sabiduría y prudencia muy grande y anchura de corazón como la arena que está a la orilla del mar".*

Dios le dio sabiduría a Salomón para construir el templo más hermoso y más costoso en la historia. Es interesante leer sobre la grandeza, riqueza y poder del Rey Salomón que era el hombre más sabio de su época. Era admirado por todos, aún por los reyes. Tanto era su fama que venía a él de todas partes a escuchar sus palabras de sabiduría. Pero todo esto no vino sin responsabilidad ante Dios. Porque en más de una ocasión, Dios le advirtió que anduviese en integridad de corazón como anduvo su padre. La sabiduría e inteligencia de Salomón no venía del intelecto o de su cerebro, venía de su corazón. (Ira reyes Cap.3 verso 12).

El problema

El problema de Salomón era que, aunque fue el hombre más sabio de su época, él no se cuidó. No se guardó, *"no veló por lo que había en su corazón"*. Salomón sabía de las instrucciones que Dios le había dado a Israel en cuanto a las mujeres extranjeras. De no allegarse a ellas porque ciertamente harían: *"inclinar su corazón tras sus dioses. A estas, pues se juntó Salomón con amor, y tuvo setecientas mujeres reinas y trescientas concubinas; y sus mujeres desviaron su corazón"*. I de Reyes, Cap. 11, versos: 1,2

Esas mujeres inclinaron su corazón tras otros dioses: "...y su corazón no era perfecto con Jehová su Dios...", Cap. 11, verso 4. El verso 6 dice que: *"Salomón hizo lo malo ante los ojos de Dios pues se puso a levantar altares a los dioses de estas mujeres que eran ídolos abominables..."* (Despreciables). Verso 9: *"Y se enojó Jehová contra Salomón por cuanto su corazón se había apartado de Jehová Dios de Israel;* ¿cuál fue el castigo? Verso 11: *"Y dijo Jehová a Salomón: Por cuanto ha habido esto en ti, y no has guardado mi pacto y mis estatutos que yo te mandé; romperé de ti el reino y lo entregaré a tu siervo"*. No solamente Dios se lo entregó a su siervo, pero el mismo Dios le suscitó un adversario a Salomón, un enemigo de su padre David, el cual él derrotó en el pasado. Esto siempre me ha intrigado a mí, me pregunto, si es por eso que en nuestros días el diablo (un enemigo derrotado) vence cada día sobre muchos cristianos porque no guardamos, no velamos nuestros corazones. No importa cuán grande, fuerte, inteligente y ricos que seamos, podemos ser derrotados si no guardamos o velamos por lo que hay en nuestro corazón.

Salomón hizo caso omiso a una instrucción de Dios que le costó el reino. Dios le indicó no juntarse con mujeres extranjeras que adoraban a otros dioses. Esos ídolos abominables del que habla en I Reyes, Cap. 11, eran los ídolos de esas mujeres paganas. Astoret, Milcon, Quemos, Moloc; ellos eran los dioses a los cuales le hacían cultos y ritos. Adoraban las estrellas, hacían ritos sexuales y sacrificios humanos, entre otros. Dios le advirtió a Salomón que esto sucedería si se allegaba a las mujeres extranjeras.

Cuando alguna joven me dice: *"Pastor, me gusta fulano de tal para novio"*, la pregunta que le que le hago a ella es: *"¿ese fulano de tal, es cristiano?"* Porque si no lo es, él inclinará tu corazón a cualquier creencia que él tenga. Por eso, tenga cuidado. Le sugiero al lector, si tiene un dilema como este, que lea II de Corintios, Cap. 6, versos 11 al 18.

Salomón no guardó su corazón, no guardó el pacto que Dios hiciera con él. Por eso dije que él cualificaba para dar el consejo de proverbios capítulo 4 verso 23: *"Sobre toda cosa guardada guarda tu corazón porque del mana la vida"*. Dice "mana" (no maná) viene de la palabra manantial que es un nacimiento de agua. En otras palabras, del corazón nace o fluye la vida, es por eso que la sugerencia importante para usted debe ser guardar, velar por lo que nace, y fluye en su corazón.

¿Recuerda lo que dije en el primer capítulo respecto de velar por lo que piensa? ¿Del ejemplo que di del Querubín? *"Tú que decías en tu corazón..."* de cómo este Ser por no velar su corazón, tuvo un pensamiento que lo hizo perder toda su grandeza en los cielos. Ahora, en este capítulo, vemos a un hombre de grandeza, riquezas, fama, y poder que su reino fue destruido por la misma razón, por no velar por lo que había en su corazón.

Estos ejemplos son de gran advertencia para cada uno de nosotros, si no velamos por lo que pensamos y por lo que hay en nuestro corazón. El Querubín tenía una de las posiciones más alta que cualquier ángel pudiera tener en los cielos.

Salomón tenía el reinado más poderoso, más prestigioso, más admirado del mundo, y los dos tuvieron grandes pérdidas por no guardar (velar) lo que había en sus corazones. ¡Qué lástima!

Recomendaciones:

- Recuerde velar por esos pensamientos que son aparentemente inofensivos. Pensamientos que bajan al corazón y crea un sistema de creencias, y forman nuestro carácter y comportamientos. son esos pequeños detalles, las pequeñas zorras de las que hablaba anteriormente las que destruyen nuestras viñas.
- Dele prioridad e importancia a lo que hay en su corazón. No ignore los sentimientos que hay en él. un buen ejercicio para ver qué hay en su corazón es sentarse y meditar en las diferentes experiencias y eventos que ha tenido y que han provocado una reacción en usted.
- Observe su comportamiento y sus confesiones. ellas evidencian lo que hay en su corazón. además le puede pedir a Dios que le revele lo que hay actualmente en su corazón. el Salmista dijo: Salmo 139, verso 23 y 24: *"Examíname, oh Dios, y conoce mi corazón; pruébame y conoce mis pensamientos, y ve si hay en mí camino de perversidad y guíame por camino recto".*
- Por último, no permita que Satanás llene su corazón de lo que hay en el corazón de él.
- Mantenga la paz con las personas que lo rodean. Usted logrará tener buen testimonio, y eso agrada a Dios.

- Los ojos de Dios están puestos sobre los justos y sus oídos atentos a sus oraciones.

Reciba amado lector, estas recomendaciones y medite porque es posible que el conflicto suyo se encuentre en su corazón.

Escuché una vez a un amigo decir: *"No es lo alto de la montaña lo que no me deja llegar a la cumbre. No es lo pedregoso de la montaña lo que me estorba llegar hasta la cima. Es la piedrecita en mi zapato la que me lastima y me hace cojear".* Una piedrecita puede ser un pensamiento negativo en su corazón la que limita sus posibilidades y su destino. Mi recomendación es: **¡Sácala!**

A continuación, una lista de aquellas cosas que debería evitar en su corazón, luego oraré por usted:

- Evite tener en su corazón, orgullo, eso es un exceso de autoestima, es un alto concepto (un poco enfermizo) de sí mismo. fue el pecado (narrado en Ezequiel) lo que hizo que el Querubín perdiera su posición en los cielos, de ser el Querubín Protector.
- Evite tener en su corazón la soberbia, es una actitud intransigente es envanecerse en su propia opinión.
- Saque de su corazón la arrogancia, eso es ser altanero, es verse superior a los demás, es ser prepotente. yo le llamo a

eso el espíritu de Amán. lea el libro de Ester, para más información.

- Saque de su corazón la terquedad, déjese moldear por el Espíritu Santo, sea flexible y abierto a nuevas ideas de lo que Dios desea cambiar en su corazón. de otra manera, eso sería obstinación e impertinencia.

- No guarde celos en su corazón, esto es bien destructivo, le roba la paz, eso muestra inseguridad de usted mismo; es egoísmo interno y es fruto de la carne. el celo ha causado hasta muertes.

- No guarde envidia en su corazón, recuerda que Dios le ama tanto a usted como el que es prosperado. las promesas del reino son suyas también. Es posible que usted envidie a alguien que tal vez no entrará al reino de los cielos donde usted vivirá en su propia morada. que nunca será como los de aquí en la tierra y será suya para toda la eternidad. le recomiendo leer el Salmo 73; léalo y medite en él.

- No llene su corazón de odio, ya que es lo opuesto al amor. Si usted guarda odio en su corazón usted no tiene a Dios en su corazón, porque Dios es amor.

- Guardar rencor o resentimiento en el corazón es traer a la memoria la ofensa sufrida. El perdón es la solución para liberarse del rencor o resentimientos. de usted no perdonar, Dios tampoco lo perdonará a usted. lea Mateo, 6, versos 14 y 15.

- El desaliento, la amargura y la insatisfacción son emociones o sentimientos que reflejan la condición del alma y abaten el corazón. no permita que se formen raíces de amargura en su corazón, su fruto es muy dañino.

- Los apetitos carnales como lo son: El amor al dinero, codicia, lascivia, fornicación, adulterio y otros, dañan el alma y pudren el corazón. Son perversidades que vienen del maligno. Usted pues, no los crie.

Quite todas estas cosas de la lista antes mencionada si están en su corazón y usted tendrá paz.

Oremos:

Padre santo, Padre de luz, levanto ante ti al lector que terminó de leer este capítulo y te pido que le reveles cualquier cosa negativa o destructiva que se esconda en su corazón. Te pido que lo sanes de cualquier ofensa producida por otras personas. Te ruego que en el lugar de las ofensas traigas gozo, paz y alegría a su corazón. Si no ha podido perdonar, te pido que pongas en su corazón el deseo de perdonar. Te lo pido en el nombre del Señor Jesucristo. Gracias, Señor Dios. Amén.

Nuestras afirmaciones serán constantemente puestas a prueba y desafiadas. Debemos cuidar lo que decimos, ya que de ello daremos cuenta al Señor.

"**El que guarda su boca guarda su alma; Mas el que mucho abre sus labios tendrá calamidad.**"
Proverbios Cap. 13, verso 3

No lances palabras al aire, pensando que no tienen importancia. Esas palabras no se las lleva el viento. Alguien va apropiarse de esas palabras.

Víctor M. Santiago

Capítulo III

Vele por lo que dice

"La muerte y la vida están en poder de la lengua y el que la ama comerá de sus frutos." Proverbios, Cap. 18, verso 21.

"Mas yo les digo que toda palabra ociosa que hablen los hombres, de ellas darán cuenta en el día del juicio".

Mateo, Cap. 12, verso 36.

En más de una ocasión escuché a un hermano decir: *"el hombre no tiene ningún poder en su boca, el único poder que tiene en su boca es el poder de confesar a Cristo como Salvador"*.

¿Oh, sí?

- Corazones han sido destruidos por palabras ásperas que han lastimado lo más profundo del ser.
- Mentes han quedado confundidas por el consejo mal intencionado que se ha dado a alguien con palabras que distorsionan la verdad.
- La moral ha quedado por el piso por fuertes palabras destructivas y humillantes.

- Matrimonios, relaciones amorosas y relaciones interpersonales se han des echo por palabras denigrantes que salen de la boca.
- Naciones han entrado en conflictos bélicos por las declaraciones del líder de un país respecto al otro.
- Hospitales reciben a diario heridos, personas golpeadas, como consecuencia de haber usado palabras ofensivas hacia otros.
- Personas han ido a la cárcel por falsos testimonios contra ellos. otras han perdido sus trabajos por la misma razón.
- Hombres de influencia, como lo son políticos, ministros, maestros, servidores públicos, etc. han perdido su credibilidad ante el pueblo por palabras de difamación hacia ellos.
- Personas han perdido la vida por palabras que ellos han dicho sin medir el efecto y las consecuencias que causaron sus palabras.
- La lista podría seguir y seguir…

Imagino que usted puede hacer su propia lista también. Considero que el hermano que entiende que no tenemos poder en nuestra boca y en las palabras que pronunciamos, no pensó antes de hablar. De hecho, su boca, sus palabras tenían el poder para evidenciar su ignorancia al respecto. Es obvio que este hermano no ha entendido la influencia que tienen las palabras que pronunciamos. Además, es obvio que este hombre no ha leído libros de psicología, consejería, desconoce lo que la Biblia dice al respecto y sobre todo, no ha leído el libro de Santiago, Capítulo 3, versos del 1 al 12.

Nuestras palabras pueden producir en una persona ánimo o desanimo. Pueden traer consuelo, como pueden traer consternación. Pueden traer sosiego, como pueden traer desaliento, entre otros. En fin, lo que decimos ya sea respecto a una opinión sobre un asunto, o lo que le decimos a otros, y aún a nosotros mismos, tiene poder para crear un efecto en nosotros, ya sea positivo o negativo. Aún se ha podido demostrar científicamente que las palabras tienen poder.

En una ocasión, hicieron un experimento con dos plantas del mismo género, del mismo tamaño, colocadas en el mismo tipo de tiesto. A éstas, se les dio el mismo cuidado, la misma cantidad de agua, la misma cantidad de sol. La prueba era para comprobar el efecto de las palabras. A la primera planta se le decía todos los días palabras maldicientes, negativas y de desprecio. La segunda planta Recibió las palabras positivas y de bendiciones. Al cabo de diez días, la planta que recibió el mal trato verbal se marchitó, mientras que la otra planta que recibió palabras positivas y de bendición creció muy preciosa.

Esa misma prueba la hicieron con dos envases de cristal, del mismo tamaño, con la misma cantidad de arroz ya cocido. Un envase de arroz recibió fuertes palabras insultantes, ofensivas y negativas. El otro envase con el arroz recibió palabras de alago y palabras positivas. El experimento se llevó a cabo por varios días. El arroz que recibió las palabras ofensivas y dañinas se había puesto negro, mientras que el otro envase de arroz que recibió palabras positivas se mantuvo sin dañar. Esta prueba yo la vi en un programa televisivo. Usted puede hacer la misma prueba en su casa, y podrá comprobar la veracidad del experimento.

Esta misma prueba se hizo con dos recipientes llenos de la misma cantidad de agua. Una de ella fue expuesta a palabras y canciones con mal contenido, de odio y maldiciones. El otro recipiente de agua fue expuesto a palabras y canciones con mensajes positivos, de amor y bendición. Los dos recipientes fueron puestos en el congelador. Luego de ser descongelados, observaron el agua con un microscopio. Observaron que el agua que recibió canciones con palabras llenas de odio y maldiciones formó cristales aberrantes, feos y distorsionados. El agua que recibió palabras positivas, de bendiciones formó cristales con una simetría preciosa y hermosa. Para más información, utilice la red del Internet.

La evidencia bíblica

"La muerte y la vida están en poder de la lengua y el que le ama comerá de sus frutos". Proverbios Cap. 18, verso 21.

Se ha escrito libros, ensayos y artículos sobre las declaraciones de líderes políticos, de ministros e inclusive, de padres de familias que han influenciado a las personas en diferentes partes del mundo. ¿Quién puede olvidar la famosa frase del fenecido Presidente de los Estados Unidos, John F. Kennedy? En los años '60, en la Inauguración Presidencial, el Presidente dijo: *"No preguntes lo que la patria puede hacer por ti, pregunta qué tú puedes hacer por la patria".* O la famosa disertación del Dr. Martin Luther King, en Washington, DC: *"Yo tengo un sueño..."*

Los libros de psicología y de consejería están llenos de sugerencia hacia los padres de cómo educar a sus hijos. Numerosos y diversos libros se han escrito dirigidos hacia ese tema. Cualquier palabra proferida por su boca va a influenciar, construir o destruir a sus hijos. Usted puede destruir la moral, la confianza, la fe, la salud mental y espiritual e inclusive la autoestima de sus hijos si no cuida su lengua delante de ellos.

Lo que sale de la boca de un padre o de una madre, quedará registrado en la mente y el corazón de sus hijos para el resto de sus días. Conozco personas de 20 y 40 años de edad que viven afectados, derrotados, amargados y destruidos por lo que constantemente le dijeron sus padres en la infancia. Para ellos usted es la autoridad y sus palabras crean un efecto negativo o positivo en ellos. Procure resaltar lo positivo en su hijo y no lo negativo.

En una ocasión, estuve ministrando a un hombre de 56 años de edad el cual a esa edad, todavía estaba lidiando con las palabras ofensivas y destructivas que su padre le decía a él cuando niño. Su madre había muerto hacía ya tiempo, pero este hombre había llevado una vida con tantas dificultades, que aún a los 56 años de edad tiene problemas con la "imagen de autoridad" y no sabe cómo interactuar con otros. Sólo Jesucristo puede traer sanidad a este hombre.

Cuando deseo saber cómo es el carácter de un padre, lo único que tengo que hacer es escuchar a sus hijos pequeños por cinco minutos y me puedo percatar de quién es verdaderamente ese padre o esa madre. Una madre no debería sorprenderse si alguno de sus hijos dice mentiras. ¿Sabe cómo aprendió a mentir? Cuando a ella la llamaban por teléfono y su hijo lo contestaba; ella le decía al niño *"si es para mí, o si es fulano, dile que no estoy"*. Con esta acción, los niños aprenden que se puede salir de un problema, de una responsabilidad o de una situación con una mentira.

Yo he sido vendedor durante toda mi vida, y a través de los años he vendido diferentes productos en diferentes comercios. En algunas ocasiones he tenido que visitar al cliente en sus hogares. He pasado por la experiencia de haber tocado insistentemente en la puerta del hogar que voy a visitar, tratando de hablar con el cliente. Luego de insistir, ¿saben lo que ha pasado? Me ha abierto la puerta una hermosa e inocente niña la cual me dice: *"mi mamá dice que le diga que ella no está"*. Cuando estos niños crecen, teniendo esa experiencia de niños, los padres se preguntan: *"¿Y, a quién salió este hijo tan mentiroso?"* Esos padres necesitan un espejo, necesitan recordar lo que le decían al niño que dijera cuando ellos no deseaban atender a la persona que le estaba buscando.

Su lengua tiene poder, lo crea o no, lo sepa o no, le importe o no le importe. Usted tiene un arma mortal entre sus dientes: su lengua. Esta hablará palabras de muerte o si usted lo desea, hablará palabras de vida. "porque la muerte y la vida está en poder de su lengua".

Cuando no velamos lo que lanzamos al aire

No solamente lo que usted dice con su lengua puede afectar a una o varias personas, además crea un medio ambiente, crea una atmósfera y hasta mueve el mundo espiritual. Este último detalle es ignorado por muchos cristianos. Usted no puede abrir su boca y lanzar palabras al aire sin ser responsable del efecto que puedan causar, aunque usted no lo crea, usted mueve o atrae al mundo espiritual como resultado de lo que usted dice. Por eso, la recomendación es cuidar como hablamos.

Conocí un hermano, en otra ciudad, el cual bajo un coraje y fuerte indignación lanzó unas palabras al aire, sin cuidar lo que decía. Este hermano me contó que bajo esa fuerte indignación él dijo (refiriéndose al diablo): *"Estoy harto de esto; si quieres quédate con mi casa y con mi familia, a mí no me importa lo que hagas, haz lo que te dé la gana".* Este hombre habló así bajo una fuerte indignación.

Me cuenta él, que una noche, cuando se estaba bañando escuchó como que alguien subía las escaleras y entraba a su habitación. Él pensó que era la esposa y no le prestó atención al asunto. Al salir de la ducha, la puerta de la habitación se abrió sola y de acuerdo a lo que él me contó, a él se le manifestó un espíritu, y él le pregunto: *"¿qué haces aquí en mi casa?"* El Ser le contestó: *"vengo a buscar lo que es mío".* Este hermano le dijo: *"No hay nada aquí que sea tuyo".* Ese espíritu le dijo: *"Tú dijiste en cierto día y a tal hora que me dabas tu casa, tu familia y que a ti no te importaba nada más. Así que vine a buscar lo que es mío".*

Tres meses después él había perdido todo; su casa y su familia. La esposa se divorció de él y se llevó su hijo con ella. Todo esto le pasó por no "cuidar lo que dijo". En Proverbios, Cap. 13, verso 3 leemos: *"El que guarda su boca guarda su alma; mas el que mucho abre sus labios tendrá calamidad".*

De acuerdo al diccionario, "calamidad" es desgracia o infortunio. El ejemplo antes narrado nos revela a un hombre que no veló, no guardó su boca y su desgracia fue perder su casa, pero, peor aún, perdió su matrimonio, su familia, su hijo. El problema es que en muchas ocasiones no medimos las consecuencias de lo que decimos.

Lo que usted lanza al aire no se lo lleva el viento, alguien va a apropiarse de esas palabras lanzadas sin medir las consecuencias. Sus palabras crean un ambiente, crea una atmósfera, toman efecto y producen un efecto o fruto, que puede ser bueno o que puede ser malo. Tampoco debemos hablar por hablar, porque usted y yo daremos cuenta a Dios por lo que hemos dicho. En Mateo, Cap. 12, verso 36 dice: *"Mas yo te digo que toda palabra ociosa que hablan los hombres, de ellas darán cuenta en el día del juicio"*. Esta es una solemne advertencia del mismo Señor Jesucristo.

Hablar palabras ociosas, es hablar sin sustancia, sin peso, es hablar sin meditar, sin fundamento. Como consecuencia, le traerá problemas con Dios. Dios guarda en su registro, no sólo de lo que hacemos, sino también de lo que decimos.

Anteriormente leímos que lo que usted dice activa o mueve el mundo espiritual. En una ocasión, me encontraba visitando un matrimonio pastoral. No sé por qué se me ocurrió hablar del mundo espiritual. Esta no fue una conversación balanceada donde pudiera estar hablando de demonios, ángeles o del Espíritu Santo, o del Señor. El enfoque fue sobre los demonios. La conversación giró solamente en torno a ellos. Un rato después, de esta conversación, tuvimos que comenzar a reprender los demonios, en el nombre del Señor Jesucristo, porque la conversación creó una atmósfera para ellos manifestarse. Todos sentimos una presencia maligna, provocada por esa conversación. ¡Qué error! En lugar de estar hablando de demonios pudimos haber hablado de las maravillosas bendiciones del Señor.

Cuando no velamos lo que hablamos con otros y/o de otros.

Vele por lo que dice cuando habla con otros y/o de otros, especialmente cuando comparte opiniones con otras personas, las cuales pueden ser inmaduras, y que no son discretas. Podemos comunicarles a ellos "inocentemente" información sin medir las consecuencias. Y luego nos damos cuenta que lo que dijimos nos creó un problema. Proverbios, Cap. 21, verso 23 dice: *"el que guarda su boca y su lengua, su alma guarda de la angustia".*

Sé de personas y también me incluyo, que tal vez hemos hecho comentarios indebidos o hemos expresado una opinión en relación a alguien, para luego lamentarnos de lo que dijimos. Cuando uno habla con personas poco discretas, nos tenemos que atener a las consecuencias de lo que se le dijo. El problema es que, cuando los comentarios salen de nuestra boca, somos responsables de lo que hemos dicho, no hay marcha atrás. Lo apropiado es no decir nada de nadie y si tenemos que hacerlo, digámoselo al Señor en oración para que Él sea el que obre. En Eclesiastés, Cap. 10, verso, 20 dice: *"Ni aun en tu pensamiento digas mal del rey, ni en lo secreto de tu cámara digas mal del rico; porque las aves del cielo llevarán la voz, y las que tienen alas harán saber la palabra".*

Hay personas que han tenido conversaciones con otras, han sido provocadas a dar una opinión entre ellos sin que la persona se percate que lo están grabando. En el Cap. 8 hablaré más sobre el tema de velar con quién hablas.

El problema de no cuidar lo que decimos es que esto nos compromete, nos atan y nos apresa. En Proverbios, Cap. 6, verso 2 dice: *"Te has enlazado con las palabras de tu boca y has quedado preso en los dichos de tus labios".* Aunque este verso de Proverbios se refiere más a cuando hacemos promesas y no las cumplimos, aun así, si no velamos lo que decimos, nuestras palabras nos pueden comprometer y quedamos atados a ellas para siempre.

También, **usted debe velar por lo que dice cuando tiene conversaciones con otros sobre temas de los cuales ha tenido conflictos en el pasado y no los ha superado por completo.** Esto le debe servir de experiencia para no volver a cometer la misma falta.

Me gustaría compartir con ustedes una experiencia que les ocurrió a dos personas que eran viejos amigos. Hacía años que no se veían. Se alegraron de saber que cada uno iba a algún tipo de iglesia. Se sentaron a conversar hablando sobre el pasado. Cada uno contaba sus historias. El recuerdo de una historia traía a la memoria otra. Poco a poco, mientras ellos recordaban el pasado, "sin darse cuenta" se fue despertando en ellos el mismo apetito de un pecado en particular que ambos habían cometido, ya Dios estaba fuera de la conversación y continuaron el resto de la noche recordando eventos y canciones del pasado. La atmósfera iba cambiando poco a poco mientras cada uno decía su historia pasada. Para antes de que saliera el sol del siguiente día, ellos habían caído en el pecado que disfrutaban hacer en el pasado, y pecaron contra Dios. Todo, por no cuidar lo que hablaban, por no velar lo que decían.

Sus palabras crean el ambiente o la atmósfera que usted desee. Por ejemplo: aquí en Estados Unidos, todavía hoy día existe el racismo. Si una persona de piel blanca entra en un lugar donde hay personas de la raza negra, y esta persona de piel blanca comienza a decir palabras ofensivas a las personas de color, sus palabras van a crear una atmósfera de ira entre los de la otra raza. Es posible que esta persona salga de ese lugar golpeado por alguna persona que se sintió aludida por los comentarios raciales. Esto le puede ocurrir si no se tiene cuidado al hablar.

Debemos de aprender a tener cuidado de lo que decimos, de quién hablamos y a quién se lo decimos. Cuántas fiestas familiares se han tornado en campo de batalla porque alguien dijo algo fuera de orden, usando palabras ofensivas o hirientes, que creó un ambiente indeseable. Muchas de estas fiestas, en lugar de unir lo que hacen es causar separación familiar. Como hemos dicho anteriormente, una palabra dicha fuera de lugar puede llegar a causar hasta la muerte.

Nuestras palabras salen de nuestra boca como pluma de paloma, pero llegan al oído de la otra persona como bloque de cemento. Desde luego, hay personas que por su ignorancia, o falta de autoestima o trasfondo de su niñez se pueden herir por algún comentario que usted diga sin intención de herir. Mi recomendación es que si usted ya sabe de antemano el trasfondo familiar o personal de una persona, cuide de hablar algo que pueda causar ofensa, y si lo hace sin intención de herir y usted se da cuenta que a la persona le molestó algún comentario que usted hizo, pida disculpas y dígale que su intención no fue la de ofender. Hay temas como; política, religión, y posturas sobre algún tema en particular que lo recomendable es no hacer comentarios en público, ya que muchas veces usted no sabe si al que le hizo el comentario es del bando contrario al suyo.

Esto suele suceder en salas de espera por algún médico, en restaurantes, entre otros. Así que, evite comentarios fuera de orden y que usted sabe que no van a edificar a quien lo escucha, evite dar opiniones de otras personas. Evite palabras que lo atarán a usted porque luego será difícil retractarse de lo que ha dicho una vez ha salido de su boca. Un vínculo familiar se puede romper fácilmente si usted "no vela por lo que dice", tenga cuidado. Esto puede suceder en los matrimonios. Usted debe evitar llevar a cabo una conversación cuando uno o ambos cónyuges están acalorados o molestos por alguna situación en particular. Es más sabio guardar silencio o decirle a la otra persona: *"vamos a esperar a calmarnos para luego continuar la conversación'"*. Dentro de una conversación acalorada se suelen decir frases hirientes y mientras más se hieren, más difícil es la cura. Si es necesario, lo mejor es buscar ayuda profesional con un consejero, preferiblemente cristiano.

Cuando no velamos lo que decimos a Dios:

En Eclesiastés, Cap. 5, verso 1 al 7 dice: *(1) "Cuando fueres a la casa de Dios, guarda tu pie; y acércate más para oír qué para ofrecer el sacrificio de los necios; porque no saben que hacen mal. (2) No te des prisa con tu boca, ni tu corazón se apresure a proferir palabra delante de Dios; porque Dios está en el cielo, y tú sobre la tierra; por tanto, sean pocas tus palabras. (3) Porque de la mucha ocupación viene el sueño y de la multitud de las palabras la voz del necio. (4) Cuando a Dios haces promesa, no te tardes en cumplirla; porque Él no se complace en los insensatos. Cumple lo que prometes. (5) Mejor es que no prometas, y no que prometas y no cumplas. (6) No dejes que tu boca te haga pecar, ni digas delante del ángel que fue ignorancia. ¿Por qué harás que Dios se enoje a causa de tu voz, y que destruya la obra de tus manos? (7) Donde abundan los sueños, también abundan las vanidades y las muchas palabras; mas tú teme a Dios".*

Es sorprendente cómo las personas se dirigen hacia Dios. Cada uno de nosotros, en algún momento dado, hemos cometido el grave error de dirigirnos a Dios de una forma insolente. Nos acordamos que Él es amor, pero olvidamos que también es fuego consumidor, como dice la Biblia. Nos acordamos que Él cuida de nuestra relación con Él. Nos acordamos de pedirle lo que deseamos para nosotros, pero olvidamos de preguntar qué Él desea de nosotros. Le dejamos saber nuestro punto de vista en algún asunto en particular, pero nosotros tenemos en poco lo que Él dice del mismo asunto. Le recordamos todas las promesas que Él nos ha dejado en la Biblia, cuando oramos, pero nos olvidamos de las promesas que le hacemos, si nos contesta las oraciones. Somos muy ligeros a depender, pero muy lentos a obedecer.

Un predicador que conozco, conversaba con un colega en el ministerio. La conversación los llevó a una reflexión. Hubo un momento de silencio, el predicador recordaba las promesas personales que tenía de parte de Dios y de cómo estas han tomado décadas para que se cumplieran en él. En su meditación recordó de las decisiones que hizo sin consultar con Dios para obtener su consejo. Él fue de fracaso en fracaso y no tardó mucho para que su corazón se llenara de amargura y resentimiento hacia Dios. Cuestionó el amor de Dios por él, cuestionó que Dios tuviera cuidado de él. Llegó a pensar que Dios hacía acepción de persona. Veía a sus compañeros de ministerio lograr sus metas, veía el favor de Dios en ellos. El veía que las oraciones de ellos eran contestadas, el ministerio de ellos dando frutos, que iban de gloria en gloria. En cuanto a él, daba vueltas a su propia montaña.

Todos sus proyectos terminaban en nada. Cuando alzaba la mirada, se daba cuenta de que estaba en el mismo lugar. Daba vueltas en círculos encontrándose con la misma situación de antes. Comenzaba en nada y terminaba en nada, para comenzar nuevamente en el mismo círculo vicioso. La depresión no tardó en llegar, la tristeza invadió su corazón. Dormía sobre la cama de la confusión, su salud física y mental se afectó el desaliento era tan horrible que no podía mirar hacia el futuro. Pensó que así sería toda la vida. *"me quiero morir"* era su confesión. Este hombre llegó al fondo del barril. Más abajo no podía llegar. Tendría que hacer un hueco en el piso para ir más abajo. Deseaba renunciar al ministerio, a la vida cristiana y a Dios. Su declaración era: *"no deseo saber del ministerio, renuncio, esto no es vida"*.

Una noche, reflexionaba sobre las cosas que le decía Dios y de cómo se dirigía a Él. Al meditar en ello se dio cuenta de su gran error. El problema era que: *"no veló por lo que le decía a Dios"*. *"No te des prisa con tu boca, ni tu corazón se apresure a proferir palabras delante de Dios; porque Dios está en el cielo y tú sobre la tierra; por tanto sean pocas tus palabras"*. Eclesiastés, Cap. 5, verso 2.

Él no usó la prudencia al expresar sus frustraciones a Dios. La honra hacia su Creador brillaba por su ausencia. Él olvidó que no le hablaba a un amigo. que le hablaba al Supremo, a la majestad de las alturas, al soberano Dios, al todo poderoso, al gran Yo Soy, al gran Rey del reino de los cielos, al Señor de señores, al Creador de los cielos y la tierra, al juez supremo a quien daremos cuenta. Al que recoge en sus manos y junta todas las nubes, al que hace de la tierra su estrado, al que se sienta en el gran trono en el reino de los cielos, al que es coronado en gloria, al creador de la vida, al que merece todo la gloria, toda la honra y todo el poder por los siglos, de los siglos. Amén.

Ni usted ni yo nos hubiéramos atrevido a hablar a Dios de la misma manera que ese predicador lo hizo. Ni usted ni yo nos dirigimos a su majestad como si le habláramos a cualquier familiar. Enfáticamente, usted no ha de hablar así a Dios. Este predicador olvidó que a Dios se le habla con respeto, altura y honra. Usted amado lector, no debe olvidar del cuidado que debe tener al hablarle a Dios. Vele lo que dice ante Dios.

Lo que salía de la boca del predicador era lo que lo mantenía en esa condición tan precaria. El estancamiento mental, económico, espiritual, familiar, físico, etc. fue producto de cómo se dirigía a Dios. Sé de personas que maldicen su nombre con gran facilidad, a otros no les preocupa lo que Él tenga que decir sobre sus vidas. Son atrevidos, desleales, infieles; puedo hacer una lista que llegue al cielo. Pero, gracias a Dios por su misericordia. En el libro de Lamentaciones, Cap. 3, verso 22 al 23, dice: *"Por la misericordia de Jehová no hemos sido consumidos (destruidos) porque nunca decayeron sus misericordias. Nuevas son cada mañana; grande es tu fidelidad".*

No obstante, no podemos abusar de su gracia. Tome lo que le acabo de decir como una solemne advertencia. Si me permite hablarle a usted pueblerinamente le diría: "Dios hace lo que le dé la gana". Dios es soberano, y si no cuidamos de cómo nos dirigimos a Él nos puede exterminar en un segundo.

Un rey que no veló por lo que dijo, Dios tuvo que dejarle ver que la grandeza de su reinado se lo debía a Él, porque Dios es el que pone reyes y quita reyes. En el Capítulo 4 del libro de Daniel, vemos al rey Nabucodonosor, quién tuvo un sueño en el cual Daniel le dio la interpretación. El sueño describía la grandeza del reino de Nabucodonosor que llegaba hasta el cielo. Cap. 4, verso 22: *"...tú mismo eres, oh rey, que creciste y te hiciste fuerte, pues creció tu grandeza y ha llegado hasta el cielo,* y tu dominio hasta los confines de la tierra". Daniel también le da una advertencia al rey, en realidad era una sentencia, que venía del Altísimo, era un juicio profético si Nabucodonosor no aceptaba el consejo. Obviamente, Nabucodonosor, hizo caso omiso de la advertencia. Doce meses después, paseándose en el palacio real de Babilonia, y sin medir lo que decía, el rey dijo: "*¿No es esta la gran Babilonia que yo edifiqué para casa real, con la fuerza de mi poder para la gloria de mi majestad?*" el resto es historia, Dios le quitó el reinado y fue arrojado entre los hombres y con las bestias del campo hizo su habitación. El rey enloqueció, y su demencia duró 7 años, comía hierba como los bueyes, y su cuerpo se mojaba con el rocío del cielo; hasta su pelo creció como pluma de águila, y sus uñas como las aves.

Este rey recibió un juicio por su vanagloria por no reconocer la soberanía de Dios. Este rey habló sin cuidado, no veló lo que decía. ¿No será que algo así le sucedió al predicador que cité antes? No veló lo que decía a Dios y por ello le fue mal. ¿No será que a usted no le salen las cosas bien, que no prospera, que no sana, que no tiene Su favor por no velar por las cosas que le dice a Dios? Si usted reconoce que esta ha sido su falta, el no velar lo que dice a Dios, le recomiendo que tenga cuidado, le puede costar mucho ¡si es que no le está costando ya!

Si su boca le metió en serios problemas con Dios, su boca lo puede sacar del mismo. Y cuando lo haga, asegúrese que sus afirmaciones sean verdaderas. Porque cualquiera que fuera su afirmación en cuanto a Dios, esa afirmación va a ser probada, ya sea que reafirme nuestra posición en Cristo o que en la prueba nos veamos faltos, sin peso; y que nuestras palabras suenen huecas y sin sustancia. Que no vengan a ser como dice Ira de Corintios, Cap. 13, verso 1: "...como metal que resuena o címbalo que retiñe". Esto quiere decir que sólo se hace mucho ruido.

Eso fue lo que le sucedió a Pedro y a los discípulos narrado en Lucas, Cap. 22. En el Cap. 22, los versículos 24 al 34, los discípulos venían discutiendo sobre quién, de ellos sería el mayor. pero, el Señor se dirigió a Pedro, anticipando lo que Pedro haría y dijo; (31-34) *"...Simón, Simón, he aquí Satanás os ha pedido para zarandearte como a trigo; pero yo he rogado por ti, que tu fe no falte; y tú, una vez vuelto, confirma a tus hermanos".*

Se puede especular respecto a esa declaración en cuanto al propósito del diablo para zarandearlo, lo que sabemos es que ese zarandeo el cual Pedro iba a recibir, evidenciaría lo que realmente estaba en él, de lo que había en su corazón. El Señor previno a Pedro: *"Te viene una prueba que no podrás soportarlo tú solo. Pero yo rogué por ti para que pases esa prueba".* (Versión narrada por el autor).

El intrépido Pedro, con su orgullo bien alto, le dice al Señor: *"...dispuesto estoy a ir contigo no sólo a la cárcel, sino también a la muerte:"* ¡oh, Dios, qué arrogancia! Qué autosuficiencia. En proverbios

18, verso 12 dice: *"Antes del quebrantamiento se eleva el corazón del hombre..."* Pedro no veló por lo que dijo, el Señor le dijo: *"¿Tú ir a la muerte conmigo? si antes de que el gallo cante vas a negar tres veces que me conoces".* El resto de la historia, usted ya sabe cómo termina.

La afirmación de Pedro fue puesta a prueba, la suya y la mía lo será también. **Nuestras afirmaciones (lo que decimos) serán constantemente puesta a prueba, serán desafiadas** y es menester de cuidar lo que decimos, ya que de ello daremos cuenta al Señor. Ver, Mateo, Cap. 12, verso 36.

Cuando no velamos lo que nos decimos a nosotros mismos:

En el primer capítulo, hablé de cómo surge un pensamiento predominante. Usted puede tener fe de que ciertas cosas pueden o van a suceder. O puede tener fe en que esas mismas cosas no van a suceder. Sin tener en cuenta lo que usted cree o deje de creer, esa fe es producto de un sistema de creencias que puede surgir de las experiencias buenas o malas que usted haya tenido. Estas dan forma a un pensamiento predominante y evidentemente formarán su carácter. "usted es lo que piensa". ¿Recuerda ese párrafo?

Advertí de velar por lo que piensa, porque ese pensamiento predominante lo va a llevar a tener o experimentar una emoción que se va desarrollando en su corazón. Porque eso lo va a llevar a hacer declaraciones que pueden o podrían afectar a otros inclusive, a usted mismo. Recuerde que sus palabras van a dar un fruto, ya sea bueno o malo. Usted va a comer de ese fruto, y le repito, entre sus dientes usted tiene un arma muy poderosa y peligrosa; su lengua. Vea Santiago, Cap. 3, 1 al 12.

Considere las cosas que hay en su corazón; "*...porque de la abundancia del corazón habla la boca"*, Lucas, 6:45. Vele por lo que hay en su corazón. Le sugerí que quitara de su corazón todas las cosas negativas ya que las mismas van a llegar a afectarle.

Como ejemplo, escojamos la amargura: estoy seguro de que usted ha hablado con personas que siempre están amargadas. ¿Se ha fijado en las palabras de ellos? Todo es negativo, todo le cae mal, le ven falta a todo y a todos, muestran insatisfacción por todo. Son personas bien criticonas, y no es que todo esté mal, es que ellos ven todas las cosas con los lentes de la amargura. Ellos mismos se ven en el espejo y no le gusta lo que ven ahí. Tienen serios problemas para amar a otras personas, sólo porque se deprecian a sí mismos.

Este tipo de persona se mira en el espejo, digamos a las 8:00am, luego de considerar ciertos detalles en cuanto a sus cuerpos, se dicen a sí mismo: "qué feo me veo, qué gordo(a) estoy, que viejo(a) me veo..." Y luego, cuando llega las 4:00pm., se preguntan: "¿Por qué me siento tan deprimido(a)? Por eso hay que "cuidar por el estado de ánimo". No permita amargura en su corazón, ya que usted va a hablar en base a ella, porque de su boca saldrá palabras irritables, cortantes y ofensivas. Vele como habla con sí mismo. No acepte esos pensamientos de amargura, no se insulte a sí mismo, busque palabras que lo elogien, que lo hagan sentir bien. Debe de rechazar la autocompasión; "oh, pobre de mí". Hay personas que no usan esa expresión, sin embrago, lo dicen todo el tiempo de diferentes maneras, tales como: ¿Por qué me tiene que pasar esto a mí siempre"? "yo sabía que me iban a hacer esto a mí". "no puedo contar con nadie". "cuando más los necesitaba, ellos brillaron por su ausencia, todos me abandonaron, me fallaron". Como ejemplo le voy a narrar algo. Yo llevaba a una hermana a todas partes en mi automóvil. Pero, un día que no pude hacerlo dijo: "¿cómo haré esto yo ahora, me dejan sola?"

La autocompasión es horrible, le recomiendo que la supere, si no, nunca logrará nada, nunca llegará a ser alguien. Nunca influenciará a otras personas, nunca dejará un legado a nadie. Con la autocompasión nunca agradará a Dios. Él lo hizo a usted, más que vencedor, romanos, cap. 8: verso 37.

En algunas ocasiones he comentado con los hermanos de mi Iglesia: "No vamos a aceptar la autocompasión, eso es una enfermedad y puede crear una epidemia de derrota en la Iglesia. Usted no lo acepte de nadie, ni de usted mismo. La Auto compasión atrasa, hace daño, no lo acepte. Esto se lo digo en el nombre del Señor Jesucristo.

Las personas que tienen este problema de autocompasión, sólo piensan en ellos, en lo que desean, en lo que les gusta, en lo que le hacen o no para ellos. Ellos sólo piensan en lo que les duele. Ignoran el dolor de otros. Viven lamentándose de todo lo que les ocurre, se tienen pena ellos mismos.

En una ocasión, una hermana que tiene este problema de autocompasión, me llamó por teléfono, para descargar en mí todas sus frustraciones. La escuché pacientemente. Ella estaba tocando un punto con el cual yo estaba lidiando también, yo quise desahogarme un poco, pero a ella no le importó en lo más mínimo lo que yo tenía que decir.

Inmediatamente cambió el tema para hablarme de lo que ella deseaba hacer ese día para su satisfacción. Es de esas personas que tienen "government mentality", mentalidad de gobierno. A esa clase de personas les gusta que el gobierno les dé todo. Así mismo actúan con las personas con las que tratan. Ellos desean que las personas tengan cuidado de ellos y no dan nada a cambio, ni siquiera atención. Yo recomiendo que si conoce a alguna persona así que tenga cuidado de no caer en sus redes. Trate de evitar ese tipo de personas.

En una ocasión, me llamó por teléfono una hermana que padece del problema del que estamos hablando; de autocompasión. Le narraré la conversación:

Suena el teléfono:

-Hola...

- Pastor, Dios le bendiga, ¿cómo está?

-Yo muy bien, hermana ¿y usted?

- Pastor, hoy estoy muy triste.

(Yo sabía por dónde venía esta hermana y por eso le refuté su autocompasión).

- ¡Pastor! Tengo que ir al médico para que me opere la espalda.

-¡Ah!, Que bueno hermana, ya quisiera que me hicieran esa operación a mí, pues yo tengo el mismo problema que usted tiene. Además, las operaciones de espalda ya no las hacen como antes, ahora hacen una incisión y usted tiene seguro médico del gobierno. Yo no tengo ninguno.

- ¡Pero es que me tienen que poner una inyección para dormirme!

-¡Ah, qué bueno! Usted no va a sentir nada, no va a tener dolor.

-Además me dijeron que tengo que quedarme tres semanas en la casa.

- Y qué diferencia hay, si usted no trabaja, tiene la bendición de que todos sus gastos los cubre el gobierno.

No tolere la autocompasión. A veces nos sentimos incómodos al hablar con este tipo de persona. Generalmente, las personas que sufren este trastorno de autocompasión no les gustan encontrar a otros con la misma condición, ya que el enfoque son ellos mismos, y nadie más. Es, primero yo, segundo yo y tercero yo. Esa es la mentalidad de estas personas. Ellos no velan lo que se dicen a sí mismo. Yo sé que muchos de nosotros, alguna vez, hemos caído en ese estado de autocompasión, pero, por favor, no haga de eso su guarida para quedarse allí. Si usted puede identificar lo que dice con su boca, es producto de autocompasión, repréndase usted mismo(a), y deseche toda palabra que evidencia esta condición.

Un día, estaba hablando por teléfono con el Rev. Daniel Santiago, mi hermano de sangre. Ese día me escuchó pacientemente y en silencio todo lo que le estaba diciendo. Al extremo que llegó el momento en que pensé que él se había quedado dormido. Pero, lo que sucedió después que yo me desahogué con él, me dijo: "Víctor, todo lo que yo oigo es autocompasión". Es cierto que todo eso que te pasa afecta a uno mental y emocionalmente, pero no debes sentir lástima por ti mismo, supera eso". No me estaba percatando de que yo estaba cayendo en autocompasión. Pero, doy gracias a Dios por mi hermano que señaló esa falta en mí. ¡Oh, sí! Lo superé.

Lo que usted dice de usted mismo a sí mismo, va a afectar, no sólo su comportamiento, su confesión, su pensamiento, sino que también afecta cómo lo ven otros. Esto ocurre con algunos empleados laborales, ellos se preguntan: ¿por qué no me promueven de puesto en la compañía, si soy el más experimentado? Conozco todo lo relacionado a este trabajo". ¿No será que la imagen que usted da no inspira la confianza de sus jefes, o, tal vez, los compañeros de trabajo le han escuchado su forma de hablar? En algunas ocasiones, lo que usted dice lo atrasa, lo compromete, lo que usted expresa dice lo que hay en su interior, lo que dice lo hace prisionero y en ocasiones, lo que usted dice lo puede destruir a usted o a otros.

MI residencia está en Estados Unidos, y llamo a mi mamá frecuentemente, le pregunto por todos mis hermanos y hermanas; somos una familia numerosa. En una ocasión estábamos hablando de Raúl, el menor de la familia. Antes de que Raúl saliera de la casa de mi madre, siempre solía decir una serie de cosas que a mi mamá le disgustaba escuchar. Él cuidaba de mi mamá y estaba prácticamente todos los días con ella, ya que era soltero. Pero, antes de salir de la casa de mi mamá, él solía decirle: *"Yo creo que tengo cáncer"*. Él decía eso sin tener evidencia de lo que decía. Además él decía: *"Yo me voy a morir antes de llegar a los 40 años de edad"*. Eso era lo que Raúl decía repetidas veces antes de salir de la casa. Un día salió de la casa para ir al hospital, y allí murió mi hermano de cáncer a los 39 años de edad. Mi hermano no veló por lo que decía. ¡Cómo duele eso! Lo lamento mucho.

Le sugiero al lector que por favor, vele por lo que dice.

A continuación, una serie de sugerencias de aquellas cosas que usted debería evitar decir, luego oraré por usted.

- No lance palabras al aire, pensando que no tienen importancias. esas palabras no se las lleva el viento.
- No lance maldiciones al aire, alguien las hace llegar al mundo espiritual.
- No lance palabras al aire sin medir lo que dice. usted dará cuenta a Dios por toda palabra ociosa que salga de su boca. (texto)
- Vele lo que dice a las otras personas, trate de no ofender. sus palabras saldrán como plumas de paloma pero llegarán a oídos del otro como bloque de cemento.
- Vele lo que dice de otros. cuide de no difamar a nadie. alguien correrá con la información (o difamación) que usted ha dado.
- Vele por lo que le dice a sus hijos. sus fuertes o dulces palabras va a influenciarlos por el resto de sus vidas. si usted no vela por lo que dice a sus hijos podrán crecer con horribles heridas que dañarán la salud mental, emocional, moral y la autoestima de sus hijos. ¡ojo con eso!
- Vele cómo se dirige a Dios. Él es amor, pero también es fuego consumidor.
- Recuerde que al hablarle a Dios debe de ser humilde, tenerle amor, respeto, altura y honor.
- Lo que diga a Dios o en la forma en que se dirija a Dios va a determinar su respuesta hacia usted. sus palabras de honor hacia Él le cualifica para tener acceso a SU presencia.

- Para saber cómo dirigirse a Dios, simplemente lea la Palabra de Dios. Él la inspiró, Él le puede decir cómo Él desea que usted le hable.
- Tenga prudencia al acercarse a Dios, cuide lo que le dice a Él. Dios no es el "genio de la botella de Aladino". usted no ordena, no demanda, no exige. en cambio, usted le ruega, le pide, le implora, le alaba, le adora, le bendice, le da honra, etc.
- Hable a Dios como Jesucristo le hablaba a Él. porque Él es su Hijo, al igual que usted.
- **Al hablar con Dios considere los siguientes detalles:**
- Usted está en la tierra, Él está en los cielos.
- Usted se sienta en una silla, Él se sienta en el Gran Trono.
- Usted es hijo, Él es el Padre Supremo
- Usted es un(a) siervo(a), Él es el Señor, su Señor.
- Usted es su súbdito, Él es el gran Supremo Rey.
- Usted hace lo que desea, pero Él es soberano.
- Usted pensará que es fuerte, pero Él es el Todo Poderoso.
- Usted inventará cualquier cosa, pero Él es el Creador de todo lo que existe.
- Usted juzga a las personas, pero Él es el Juez Supremo.
- Usted se pone un sombrero, Él lleva una Corona Real.
- Usted piensa que se las sabe todas, Él es todo conocimiento. (Omnisciente).
- Usted está donde está ahora, pero Él está en todas partes al mismo tiempo (Omnipresente).

- Usted dice que vivirá por lo menos 100 años, pero Él puede disponer de usted en un segundo.
- Usted es un ser humano, pero Él es Dios.
- Vele cómo se dirige a sí mismo. no se insulte, háblese con respeto, si usted no se respeta a usted mismo, cómo podrá respetar a otros.
- Vele por lo que sale de su boca. ella producirá muerte o vida, y usted comerá de su fruto.
- A la hora de mirarse en un espejo, no se enfoque en sus faltas o deficiencias. observe sus virtudes y háblese a usted mismo con altura. todos tenemos virtudes. NO es que se exalte a usted mismo, es que trabaje con su autoestima y eso comienza con palabras.
- Nunca hable con palabras de autocompasión. usted es más que un vencedor.
- La autocompasión lo hace a usted actuar como un perdedor. Recuerde que con Cristo usted es un ganador.
- La autocompasión es un reflejo del "yo" entronado. eso lo limita, lo atrasa, lo detiene, y a veces no es del agrado de los demás
- **Si usted usa la autocompasión, nunca logrará nada en la vida. nunca influenciará en nadie. nunca dejará un legado a nadie. nunca llegará a ser alguien. usted caminará en las calles siendo un desconocido para otros. usted debe dejar huellas por dónde camina.**
- **La autocompasión nunca, jamás agradará a Dios.**

Conclusión:

En fin, vele por todo lo que sale por su boca. Al hablar cuide de cómo se dirige a Dios, cómo habla al aire, a otros y a usted mismo. Lo que usted dice será medido. **Por lo general, las personas tienen una opinión de usted basado en lo que sale de su boca.** En Proverbios, Cap. 10, verso 19 dice: *"En las muchas palabras no hace falta pecado; mas el que refrena sus labios es prudente"*. Nunca olvide lo que mi hermano menor solía decir, recuerde que ahora no puede hablar más.

Usted dará cuenta a Dios en el día del juicio. No se busque faltas. Procure que sus palabras tengan sustancias, que no sea "como metal que resuena o como címbalo que retiñe" Ira de Cor. 13: 1. Use de mucha prudencia al hablar.

Lo que usted diga será puesto a prueba, cuide sus afirmaciones. Sus afirmaciones serán desafiadas constantemente. Diga palabras de peso, hable con altura, con sustancia, hable con sabiduría. Use su inteligencia, su sentido común. Hable con amor, respeto y honor, eso lo llevará lejos.(Los temas en este capítulo han sido repetidos intencionalmente).

Oremos

Amado Dios y Padre celestial. Señor del cielo y de la tierra, oramos a Ti, que eres la Majestad del cielo, que eres Todo Poderoso, que eres todo conocimiento y verdad. ¡Oh, Dios soberano! Levanto ante ti a la persona que está leyendo este libro y este capítulo. Te pido que pongas guarda en su boca, que le ayudes a velar por lo que dice, por lo que habla al aire, al padre, a otros, y a sí mismo. Que de su boca salgan palabras de aliento, palabras dulces palabras que edifiquen, palabras que sanen, que levanten. Permite que siempre tenga palabras constructivas y no destructivas, que no maldiga, sino que bendiga. Que sus labios hablen lo recto y que cuide su lengua del mal. Te pido que una vez el lector se haya arrepentido de toda confesión negativa, que Tú remuevas lo que sus palabras puedan producir o que tenga algún efecto en la arena de lo espiritual y de lo natural. Que esas palabras no prosperen, cancelo el efecto de ellas.

Toda confesión que sea contraria, que se exalta contra el conocimiento tuyo, lo ponemos bajo tus pies. Te damos gracias, damos toda la gloria, toda la honra, en el nombre del Señor Jesucristo. Amén.

Hay quienes buscan a Dios para
Que Él Le sirva a ellos, en lugar
De buscar a Dios para servirle a Él.

"Dios no tiene ninguna responsabilidad con ninguna persona que tomó decisiones sin buscar primero Su consejo"

Víctor M. Santiago

Capítulo IV

Vele por lo que hace

Hace unos cuantos años atrás, tuve un sueño, en el cual vi que un equipo de hombres entra a mi apartamento para hacer unas remodelaciones. A mi parecer, todas las renovaciones que estaban haciendo eran innecesarias e irracionales.

En el sueño, vi que uno de los trabajadores estaba cortando la alfombra en forma redonda en el mismo medio de la sala, mientras que el otro trabajador estaba empañetando la pared sin ella tener ningún defecto. Sabía que tanto la pared y la alfombra no tenían ningún desperfecto, nada que ameritara reparación. Mi argumento era que "todo estaba muy bien", tal como estaba, no había necesidad de remodelación, especialmente cuando los arreglos que yo veía eran absurdos y no tenían sentido para mí. Tanto la pared como la alfombra estaban en perfectas condiciones.

En mi frustración, instruí a los hombres que detuvieran lo que estaban haciendo, porque a mi parecer me estaban destruyendo mi departamento. Ellos me respondieron con una amable sonrisa diciendo que la gerencia de los apartamentos los había enviado para hacer las reparaciones. Indignado me dirigí a la oficina de la Gerencia para hacerles el reclamo. En forma cordial, pero firme la persona que me atendió me dijo: "Yo los envío a todos los departamentos que considere que sea necesaria una reparación".

Mi experiencia respecto a los sueños son muy pocas. Ocasionalmente sueño al dormir. Sí sueño, particularmente cuando en la noche he comido una gran cena. Por lo general no sueño, pero cuando tengo uno, casi siempre tiene algún significado. Claramente podemos entender que en este sueño, mi apartamento representaba mi vida, mi ser interior. Los trabajadores representaban los cambios que eran necesarios en mi persona; que al momento parecían absurdos para mí. Por supuesto, Dios estaba representado por la Gerencia.

Le pregunto: ¿cuántas veces le han dicho a usted que debería detener lo que está haciendo? O, posiblemente, ¿cuántas veces Dios ha querido hacer cambios en su vida y usted ha pensado que los mismos no son necesarios, que como usted está es suficiente? Y, ¿cuántas veces se ha atrevido a argumentar con Dios al respecto?

Observe lo que dice Job en cuanto a las preguntas anteriores. Job, Cap. 9, verso 3 dice: *"si quisiere contender con él, no le podrá responder a una cosa entre mil (4) él es sabio de corazón, y poderoso en fuerzas; ¿quién se endureció contra él y le fue bien?* Yo me atrevo a decir: ¡Nadie!

Los versos 11 y 12 del mismo capítulo (9) dice: *"He aquí que él pasará delante de mí, y yo no lo veré; pasará y no lo entenderé (12) He aquí, arrebatará; ¿quién le hará restituir? ¿Quién le dirá: qué haces?"* De todos los errores que una persona puede cometer, el peor de ellos es argumentar con el Ser Supremo, con el todo Poderoso, el que es todo conocimiento. Conozco un hermano que comete siempre este grave error con las personas con las cuales entabla conversación. Él es capaz de argumentar con un neurocirujano o con un genio en física o matemático, sin tener el conocimiento que ellos poseen por sus estudios al respecto. Su opinión siempre es sobre todos los demás. El argumento es su pan diario. A veces digo en mi interior: *"Sálvese quien pueda con este hombre".* Todos sabemos que es infructuoso y hasta ser un poco ignorante el argumentar contra Dios. Uno nunca debe cuestionar, discutir o argumentar por lo que Dios hace.

En el sueño que les narré yo argumentaba con la gerente de los departamentos, que en el sueño, interpreté que representaba a Dios. Si fuera a espiritualizar ese sueño podría decir que Dios me estaba diciendo que había varias áreas en mi vida que necesitaban reparación. Aunque desde la perspectiva mía, "yo estaba bien". Por lo menos, eso era lo que yo pensaba en ese sueño. ¡Oh!, cuántas veces ha querido Dios hacer las mismas reparaciones o cambios en sus hijos y nosotros no se lo permitimos. Nuestra actitud es renunciar a los cambios necesarios que debemos hacer.

Esto me recuerda el Capítulo 18, de Jeremías. Dios le dio instrucciones al profeta de que fuera a la casa del alfarero para hablarle allí. Cuando Jeremías llegó, vio el proceso que hacía el alfarero trabajando el barro sobre la rueda. Los versos 4 -6 dice: *"Y la vasija de barro que él hacía se echó a perder en su mano; y volvió y la hizo otra vasija, según le pareció mejor hacerla. (5) La palabra de Dios vino sobre Jeremías y dijo: (6) ¿No podré yo hacer de vosotros, como este alfarero, oh casa de Israel? dice Jehová. He aquí que como el barro en la mano del alfarero, así sois vosotros en mi mano, oh casa de Israel".*

Observe cómo el pueblo de Israel le responde a Dios en el verso 12. *"Y dijeron: es en vano; porque en pos de nuestros ídolos iremos y haremos cada uno el pensamiento de nuestro malvado corazón"*. En otras palabras, hacemos lo que realmente queremos. ¡Sorprendente! Hasta ellos admiten que su actitud es malvada. Alguien diría que la respuesta que ellos dieron fue muy atrevida, cierto es. Sin embargo, es la respuesta que todos nosotros le damos a Dios cuando Él desea hacer cambios en nosotros; nos hacemos de la vista larga.

Siempre que argumentamos con Dios, es como si el barro dijera al alfarero: *"No me gusta lo que haces, detente"*. Se nos olvida la soberanía de Dios. Ser soberano es ser alguien que ejerce o posee la autoridad suprema e independiente; o sea, esa persona no necesita la opinión de nadie para ejercer tal autoridad. En realidad, cada vez que Dios nos toma en sus manos para darnos una mejor o nueva forma, como lo hace el alfarero con el barro, es la forma de Dios decirnos: *"No me gusta lo que tú haces"*. Por eso le digo, "vele por lo que hace".

Deseo compartir con ustedes una anécdota que me ocurrió cuando trabajaba para una compañía vendiendo casas. Al medio día, fui a almorzar y entré a un supermercado el cual tenía un "deli", lugar donde se puede pedir comida para almorzar. Le pedí a la señora que estaba en el área de las carnes que rebanara un jamón para añadirlo a la ensalada que había comprado. Mientras ella lo rebanaba, la palabra de Dios vino sobre mí y entendí que ella tenía una petición en su corazón. De alguna manera, el Espíritu Santo me reveló que ella era una hermana en Cristo. Cuando preparó el jamón, y me lo entregó, le dije: *"¿sabía usted que Dios nos concede las peticiones de nuestro corazón?"* cuando le dijo esto a esta hermana, ella comenzó a hablarme en voz alta, casi fuera de control: *"yo he estado orando a Dios, y lo que hago es esperar, esperar. Me pregunto si Dios me va a contestar. Y si lo va a hacer, que ya lo haga, pues llevo mucho tiempo esperando por mi petición".* La mujer estaba alterada, lo demostraba con sus palabras. Yo sabía que esta hermana en Cristo no oraba por una casa o carro, su petición era que Dios le proporcionara un esposo, y Dios me lo había revelado sin que ella me dijera que esa era su petición.

Le dije a la señora: *"hermana, la razón por la cual usted no ha recibido su petición es porque usted no está lista para recibirla. Dios está trabajando en usted, está trabajando con su carácter. Si Él le da a usted en este momento lo que le está pidiendo, usted lo destruiría todo y otras personas saldrán lastimadas".* Cuando le dije esas palabras, ella se calmó, porque entendió que no era el tiempo, ya que cometería el mismo error que hizo en el pasado con otras personas.

Vele por lo que hace

Algunas personas toman decisiones sin consultar primero con Dios. Ellos no velan por lo que hacen. Hay personas que hacen las cosas sin tener en consideración las consecuencias que podría traer a sus vidas. Una declaración que uso con frecuencia y lo leerá varias veces en este libro es que *"Dios no tiene ninguna responsabilidad con ninguna persona que tome una decisión de hacer algo sin primero consultarlo a Él".*

Tengo un mentor que me contó lo que le pasó cuando invirtió miles de dólares en una compañía petrolera. Él pensó que tenía todas las de ganar. Lo hizo confiando en el hombre y no consultando a Dios primero. Perdió los 30 mil dólares que invirtió. Él no dio detalles, pero imagino que fue en acciones que compró.

Cuántos casos hemos escuchado a través de los años de personas de negocios, empresarios e inclusive, ministros, que dicen *"yo hago lo que hago";* y sin advertencia viene el fracaso. He escuchado testimonios de personas que lo han perdido todo, por no consultar a Dios en cuanto a sus decisiones.

Cuando prediqué a los hermanos de la Iglesia sobre este tema, mi énfasis en esa predicación era sobre las motivaciones detrás de lo que hacemos, lo que nos mueve, lo que nos impulsa hacer lo que hacemos. Otra vez, esto nos lleva a hablar respecto a las intenciones del corazón. Recuerde que lo que hay en el corazón de las personas, es evidenciado por lo que dice y hace. Sin tener el don de discernimiento, usted puede ver lo que hay en el corazón de alguien por sus acciones.

¿Recuerda el caso del pedófilo y falso profeta que narré en el capítulo 2? Lo que hizo evidenció lo que había en su corazón. La motivación de las cosas que hacemos será puesta a prueba por el Señor, Ira Corintios, Cap. 3, versos 13-15. **De la misma manera que nuestras afirmaciones serán puestas a pruebas, serán desafiadas para ver si hay sustancia en lo que decimos al igual que lo que hacemos.** Lo he repetido.

¿Qué le impulsa a hacer lo que hace?

Me produce mucha tristeza el ver las motivaciones que tienen algunos predicadores de hoy día, pues ellos presentan un "nuevo" evangelio. Se presenta un cristianismo en el cual muchos entran debido a que se les enseña que van a ser millonarios si vienen a Jesucristo; se llama el evangelio de la prosperidad". Esa es la doctrina que enseñan las sectas de la prosperidad en el Estado de Texas, donde resido. ¡Qué tristeza! Lamentablemente, hoy día el cristianismo ha caído en la complacencia y conformismo, **se busca a Dios para que Él, les sirva a ellos, en lugar de buscar a Dios para servirle a Él.**

No buscamos a Dios para que él nos prospere y nos haga millonarios; buscamos a Dios porque usted y yo hemos pecado y quebrantado los estatutos de Dios, y cuando pecamos, recibimos justa retribución por ello. Día a día veo a estos predicadores en la televisión usando verdades bíblicas para sacarle el dinero al pueblo de Dios. usando versos seleccionados, muchas veces sacados fuera de contexto para sustentar la doctrina de la prosperidad que ellos predican; usando versos como: *"el bien que usted hace, ese bien recibirá del Señor"* (Efesios, 6:8) y que *"es más bienaventurado dar que recibir"*, (Hechos 20:35) *y que si usted da, se le dará medida buena, apretada, remecida y rebosando darán en vuestro regazo* (Lucas 6:38) *que si siembra generosamente, segará generosamente, y que Dios ama al dador alegre* (II de Corintios, Cap. 9, versos 6-7). Estos versos y otros más dan fe de que lo que ellos dicen es cierto. No obstante, prometen cosas al pueblo de Dios, sin explicarles cómo deben vivir ante Dios. Esto va mano a mano con su estilo de vida, si es honesto, si es verdadero, o si es justo, etc. Actualmente, conozco personas que son muy generosas ayudando los ministerios, pero sus prácticas en los negocios es de engaño, mentiras y hasta ilegales. Considero que Dios, más que hacerlo rico, desea trabajar más con usted en su carácter y en su integridad, entre otras cosas.

Estos llamados "predicadores" dicen cualquier cosa para sacarles dinero a las personas. Estuve escuchando a un predicador que al final de su predicación dijo, que cada uno de los que estábamos escuchando su predicación deberíamos darle $66.00 (dólares) porque la Biblia tiene 66 libros. Que por cada miembro de nuestras familias debíamos dar esa cantidad si deseábamos que fueran salvos. Lo primero que pensé en ese momento fue: ¿eso quiere decir que yo he perdido casi 30 años de mi vida orando para que mis familiares conozcan y vengan al conocimiento de Cristo y que puedo comprar la salvación de ellos con dinero? ¿Sabe cuán grande es mi familia? Y, ¿qué de ejercer la voluntad individual, qué tal si alguno de ellos no desea aceptar a Jesucristo como su Salvador? ¿Están ellos obligados a hacerlo por los $66.00 que yo pagué? ¡Qué gran error!

Si yo pago $66.00 por la salvación de los miembros de mi familia no ejerzo mi fe para creer que Dios los puede salvar a ellos. Tampoco ellos ejercen su libre albedrío ya que Los $66.00 hace el trabajo por ellos. Considero que eso, en vez de ser teología es un buen disparate. No hay ninguna diferencia entre las indulgencias de la Iglesia Católica en la Era Medieval, y lo que enseñan estos predicadores de hoy día.

Otros llamados "predicadores "enseñan que si "pactan "con Dios puedes obtener de Él lo que usted desee. En una ocasión, un ministro amigo mío, me dijo que vio en un programa de televisión a un predicador decirle a una mujer, trasmitido en vivo: *"Tú envíame $500.00 y verás cómo Dios te sana de ese cáncer"*. Él piensa que porque es dueño de un canal cristiano puede decir lo que desee.

Todos estos predicadores que tiene estas enseñanzas de error lo hacen usando verdades bíblicas, a ellos se les olvida que la obra en la cruz del Calvario fue completa, que Cristo nos compró con precio de sangre. Él se hizo maldito (sin serlo) y llevó sobre sí la maldición de la ley; la pobreza, la vergüenza, las enfermedades físicas y mentales. Estas y otras eran maldiciones que venían como producto de quebrantar la ley judía. Cuando Cristo en la cruz del Calvario dijo: "consumado es" (testelestai), esto significa: es todo, está cumplido, se acabó, todo está hecho.

No tenemos que pagarle a Cristo por nuestra salvación. Efesios 2, verso 8 dice: "porque por gracia sois salvos, por medio de la fe; y esto no de vosotros, pues es don de Dios". Ni siquiera la fe que poseemos para creerle a Dios para salvación, es nuestra, sino que es un "don de Dios, un regalo de Dios. El verso 9 de ese mismo capítulo dice: "...no por obras, para que nadie se gloríe." no es por lo que usted o yo podamos hacer que nos ganamos la salvación, incluyendo dar dinero; la salvación es por "gracia". Es por esa razón que le dejé saber al predicador que habló sobre los $66.00 mi desaprobación por su enseñanza de tener que dar esa cantidad de dinero por cada miembro de mi familia.

Tampoco tengo que darle o pagarle al Señor para recibir sanidad para mi cuerpo. En Isaías, Cap. 53, versos 4-5 dice: *"Ciertamente llevó él nuestras enfermedades y sufrió nuestros dolores; y nosotros le tuvimos por azotado, por herido de Dios y abatido. (5) Mas él herido fue por nuestras rebeliones, molido por nuestros pecados; el castigo de nuestra paz fue sobre él, y por su llaga, fuimos nosotros curados".*

No tengo que darle a Dios, un centavo, ni para ser salvo, ni para ser sanado. Todo fue ya pagado por nuestro precioso y amado Señor Jesucristo. *"Gracias Jesús, mi alma y mi ser te alaba, mientras escribo este libro, te adoro, te alabo, te agradezco por este horrible sacrificio que pasaste por mí, y la humanidad, te doy toda la gloria y la honra. Gracias por esa Sangre que limpió mis pecados. Gracias por tu llaga que sana mi cuerpo. Gracias por acabar con la maldición que venía sobre mí. Gracias, te adoro Señor. Amén.* Tenía que hacer esta pausa mientras escribía, pues no pude contener expresarle a Dios mi agradecimiento.

El apóstol Pedro, nos advirtió sobre estos falsos profetas cuando dice en II de Pedro, Cap. 2, versos 1-3: *"Pero hubo también falsos profetas entre el pueblo, como habrá entre vosotros falsos maestros que introducirán encubiertamente herejías destructoras, y aun negarán al Señor que los rescató (gratuitamente) atrayendo sobre sí mismos destrucción repentina. (2) Y muchos seguirán sus disoluciones, por causa de los cuales el camino de la verdad será blasfemado, (3) y por avaricia harán mercadería de vosotros con palabras fingidas. Sobre los tales ya de largo tiempo la condenación no se tarda, y su perdición no se duerme".*
¿Observó lo que dice le verso 3? *"...por avaricia harán mercadería de vosotros con palabras fingidas".* Eso es precisamente lo que hacen estos predicadores hoy día. Hay personas que caen fácilmente bajo esas falsas enseñanzas. Lo que a final de cuentas es, que ellos le sacarán dinero y usted se va con la esperanza que Dios lo hará un millonario.

Llevo años diciendo que la apostasía de la cual habla 2da de Tesalonicenses, Cap. 2, verso 3; Y Ira de Timoteo Cap. 4, verso 1. Va a ser producida, no sólo por falsos maestros que traen falsas doctrinas influenciada por Satanás. Pero, además va a ser producida también de parte de nuestros predicadores que predican la palabra de Dios con la motivación incorrecta. Tal vez ellos no creen que Dios sea su sustento y recuren a cualquier método para sacarles el dinero a las personas.

Volviendo al predicador que les decía anteriormente, el de los, $66.00, lo he escuchado en varias ocasiones, y todas sus predicaciones las elabora de manera tal, que el fin principal de esa predicación no es nuestra salvación ni la persona de nuestro Señor, sino que todo gira sobre el dinero que puede obtener de usted. No obstante, ellos darán cuenta a Dios por sus prédicas ante el Señor. Deberían recordar que toda prédica se debe hacer para traer gloria a Dios y no para beneficio propio.

En Colosenses, Cap. 3, verso 23 y 24 dice: *"y todo lo que hagáis, hacedlo de corazón, como para el Señor y no para los hombres. (24) Sabiendo que del Señor recibiréis la recompensa de la herencia, porque a Cristo el Señor servís".* Todo lo que hagamos para Dios se debe hacer con las motivaciones correctas, ya sea que estemos presentando a Cristo a alguna persona o que le recibamos como Salvador. Sea como sea, recibiremos recompensa de Dios por lo que hacemos. Ellos deben "velar por lo que hacen".

Un verdadero apóstol

Supe de un misionero bautista que regresó a Estados Unidos, en el estado de Texas que después de décadas de servicio al Señor, regresó a su Iglesia compuesta de varios miles de personas. Se le pidió a ese misionero que contara algunas de sus anécdotas, ya que él se retiraba del campo misionero. Él comenzó su disertación quitándose los zapatos que estaban desgastados por el tiempo. Luego que se los quitó, le pidió a la congregación que alguien se los pusiera para que ocupara el lugar que él estaba dejando como misionero. El experimentado misionero dijo: *"Hoy deseo pasar estos zapatos a la persona que desee tomar mi posición como misionero. Los obreros son necesarios en el mundo. Hay riesgos, hay enfermedades, es posible que su vida y la de su familia estén bajo amenazas. También es posible que pasen hambre, estarán incómodos, además, es posible que le escupan la cara, estarán frente a enfermedades que no les agrade por la putrefacción de la piel. Usted tendrá que arriesgar su salud porque tendrá que orar por ellos".*

El misionero continuó narrando las muchas experiencias a las cuales se expondría aquel que se quisiera poner sus zapatos. Les habló la realidad que viviría como misionero. Cuando terminó de hablar, el misionero preguntó: *"muy bien, ahora, ¿quién desea ponerse mis zapatos?* Hubo un silencio, nadie pasó adelante para ponerse los zapatos del misionero. Después de esperar unos minutos, él misionero dijo: *"está bien, en calidad de que nadie quiere ponerse mis zapatos, me los vuelvo a poner yo para ir de regreso a las misiones".* Me cuentan que esa noche se recibió la ofrenda más grande que jamás esa Iglesia había colectado para un misionero.

La ironía de las personas

¡Qué ironía! Un misionero pasa toda clase de vicisitudes y privaciones para servir a Dios, y en las Iglesias hay personas que se molestan, se ponen frenéticos y se quejan si el servicio se alarga media hora más de lo que debería durar. ¡Qué vergüenza! Se resisten a estar media hora más en la presencia de Dios. ¿Es usted uno de ellos?

La semana tiene 168 horas. Cuarenta (40) de ellas, usted las trabaja; otras cuarenta (40) horas las tiene para cualquier tipo de actividad que desee hacer; ir al parque, ver una película, visitar un familiar o amigo, etc. Cincuenta y seis horas (56) las utiliza para dormir. Le restan 32 horas para que las pueda dedicar al Señor.

Esta es la ironía de los que protestan porque el Servicio a Dios en la Iglesia tarda media hora más de lo que debería durar. ellos trabajan cuarenta horas, y no protestan si tiene que trabajar horas extras. Ellos tienen cuarenta horas para hacer todo tipo de actividades y no se molestan si se quedan dos horas más en la visita porque lo están pasando de lo más bien. Duermen cincuenta y seis horas en la semana, pero los sábados duermen un par de horas más. Y, por supuesto, eso no les molesta. Pero estar en la presencia de Dios en la Iglesia, media hora más, en el Servicio Dominical. Es insoportable para ellos. ¡Increíble! YA puedo darme cuenta que sus prioridades no están en orden. ¡Hum!

Luego están los que desean salir corriendo del Servicio porque hicieron un compromiso con otras personas. No les preocupa salir del Templo en medio del llamado al altar para aquellos que podrían venir a Cristo, no pueden esperar. Tiene que irse porque alguien los espera en el restaurante. Se van, en lugar de quedarse e interceder por esa persona que podría morir ese día sin haber recibido al Señor como su Salvador.

Entiendo que hay personas que tienen que irse en un momento determinado por haber dejado un familiar enfermo en la casa y no pueden estar fuera por mucho tiempo, además entiendo que en las Iglesias hay personas enfermas de diabetes. Para estos hay que hacer algún tipo de arreglo o concesión especial; ya sea que se sienten en la parte de atrás, por si necesitan salir afuera antes de terminar el Servicio, o que traigan una merienda, como lo hacen cuando tienen una cita médica. Pero no se debe restringir al Espíritu Santo o detener la bendición de Dios o cambiar todo un Servicio o detener el mover de Dios por dos o tres personas que necesitan irse.

Conocí una pareja en una de las Iglesias en la cual fui a predicar en una ocasión. Supe que la esposa tenía diabetes, dos días después de conocerlos fui a un supermercado y allí los encontré. Noté que llevaban en el carro de compras ocho botellas de soda y tres cajas de dulces de repostería. Los saludé, y les comenté, *"veo que llevan varias botellas de sodas y dulces de repostería. ¿Tienen una fiesta?* ella me respondió, *"no Pastor, es para nosotros"*. Le pregunto: ¿Pero, no tiene su esposa diabetes?". Ella con una sonrisa vergonzosa dijo, *"Sí Pastor, así es"*. Yo pensé: ¡qué ironía, con diabetes y comprando artículos con azúcar!

Usted me dirá: ¿usted va a protestar por dos o tres diabéticos que pudieran haber en una Iglesia que se tengan que ir antes de terminar el Servicio? ¡No! Estoy abogando por los 195 que pudieran estar en la Iglesia que desean quedarse la media hora extra en la presencia de Dios en un Servicio dominical.

El Centro Evangelístico Nuevo Amanecer, no es mi primer Pastorado esta es una Iglesia pequeña porque es nueva. Tiene pocos meses de fundada y estamos usando uno de los grandes salones de una Iglesia americana. Ellos nos han tenido que pedir literalmente que salgamos más temprano los domingos; son una Iglesia de dos mil seiscientos miembros. Ellos terminan su servicio primero que nosotros. La atmósfera y la presencia de Dios en CENA Es tan preciosa y sublime que nadie desea irse luego del Servicio. Ellos nos tienen que echar a cada rato. ¡Gloria a Dios! Pero yo no detengo ese mover del Espíritu por nadie, se pueden hacer arreglos.

Consecuencias que ocurren cuando no velamos por lo que hacemos

El libro de Jueces, capítulo 13, comienza de la siguiente manera: *"Los hijos de Israel volvieron a hacer lo malo ante los ojos de Jehová; y Jehová los entregó en manos de los filisteos por cuarenta años".* ¡Lo que cuesta el no velar por lo que hacemos! Esto es bien característico del pueblo de Israel. Si usted lee el Antiguo Testamento, dará la impresión de que ellos llevan la obstinación en la sangre. Es un comportamiento repetitivo en ellos, y no sólo en ellos, también en sus reyes, tales como: Joacaz, Jeroboam, Pelía, Manahen, Acab y otros. Cada vez que en la Biblia se comienza a hablar de sus reinados, se dice, por ejemplo: *"Y Acab hizo lo malo ante los ojos de Dios",* y luego la Biblia declaraba el pecado de ellos. Además, se mencionan los otros reyes que hicieron lo bueno o lo recto ante los ojos de Dios, como por ejemplo, Joas, Amasias, Azarías, entre otros.

El problema es que cuando se hace lo malo, es lo que más se enfatiza, y lleva mayor consecuencia que cuando se hace lo bueno. El pueblo de Israel, el cual no veló por lo que hacía, le costó estar bajo la opresión de los filisteos. Fue el mismo Dios el que utilizó a los filisteos para castigar a Israel porque*: "... volvieron a hacer lo malo ante los ojos de Dios".* (Jueces, Cap. 13). Su castigo no sería para siempre, y llegarían los días cuando Dios usaría a un hombre el cual podría libertar a los israelitas de la opresión filistea. El nombre de este paladín era Sansón. De acuerdo con la narración, sería un hombre que tendría un estilo de vida diferente a los demás hombres. Su crianza iba a ser también diferente.

El ángel que se le manifestó a la mujer de Manoa, el padre de Sansón, la cual era estéril, dio a ella instrucciones de cuidarse en su alimentación, pues le dijo: *"...he aquí que concebirás y darás a luz un hijo; y navaja no pasarás sobre su cabeza, porque el niño será nazareo a Dios desde su nacimiento. Y él comenzará a salvar a Israel de mano de los filisteos".* Nazareo, era una persona que su vida era dedicada a Dios. El nazareo hacía votos de no tocar ni comer cosas inmundas, de no tomar bebidas embriagantes, ni se cortaría el cabello, entre otras cosas.

Siguiendo la narración, el verso 24 dice: *"...y la mujer dio a luz un hijo, y le puso por nombre "Sansón". Y el niño creció y Jehová lo bendijo".* Al pasar los años, el Espíritu de Jehová comenzó a manifestarse en él ". (Verso 25). No obstante, los votos que un nazareo mantiene por el resto de su vida, Sansón los rompió. Esta fue la primera falta de Sansón, el cual no veló por lo que hacía. De acuerdo a la narración, lo primero que hizo

Sansón fue que comió de la miel de un panal de abejas que estaba sobre un león muerto que él mismo había matado días antes. De acuerdo a su voto, él no podía estar cerca o tocar un cadáver. Lo segundo que Sansón hizo fue casarse con una mujer filistea, lo cual era una desaprobación para los judíos. Otra cosa que hizo (cap.16) fue allegarse a una ramera un nazareo hace votos de dedicación a Dios. Sansón rompió ese voto aparte de otras cosas, Sansón se enamoró de una mujer filistea llamada Dalila, la cual eventualmente descubrió el secreto de su fuerza. Imagino que usted ya conoce la historia de Sansón. Él era un hombre de una fuerza extraordinaria. Con su fuerza mató a un león con sus manos. Con la quijada de un asno mató a mil hombres; con su fuerza arrancó las puertas de la ciudad junto con los pilares que la sostenía, en la ciudad de Gaza, y las cargó hasta la cumbre de un monte cerca de Hebrón.

Dalila fue sobornada para que descubriera el secreto de la fuerza de Sansón. Los filisteos querían saber la fuente de su fuerza. He aquí el otro error de Sansón; se puso a jugar otra vez a las adivinanzas, ahora con esta mujer. Es obvio que Sansón era débil para las mujeres. Este hombre debió haberse dado cuenta de que cada vez que él jugaba con Dalila en cuanto a la fuente de su fuerza, por lo menos debió haber sospechado la intención de ella. Pero, por la insistencia de ella (verso 16) su alma fue reducida a mortal angustia; y le descubrió el secreto. Al hacer esto, le cortaron el cabello y perdió toda su fuerza. Sansón no "veló por lo que hacía". Desde su juventud, mostraba un comportamiento errático que le costó, no solamente perder su fuerza, sino también sus ojos y la posición de juez de Israel.

El verso 20 del Capítulo 16 dice algo que a mí me ha impactado desde que era un joven predicador. Sansón se dijo a sí mismo: *"esta vez saldré como las otras y me escaparé"*. **Pero él no sabía que Jehová se había apartado de él.** Sansón fue rebelde a los votos de los nazareos. Él sabía lo que significaba ser separado para Dios. Él no veló de cuidar esos votos, aun sabiendo que era un hombre separado para Dios.

La aplicación

Usted y yo somos separados para Dios; la Biblia nos llama santos. Un santo es una persona consagrada, separada para Dios. Si usted busca la palabra "santo" en la concordancia de su Biblia, encontrará más de cien referencias que se encuentran en la Biblia. Casi la mitad se encuentra en el Nuevo Testamento, y 90% de ellos hacen referencia como santos a nosotros los cristianos. Pero, el Capítulo 2, verso 9 de Ira de Pedro, lo resume muy bien: *"Mas vosotros sois linaje escogido, real sacerdocio, nación santa, pueblo adquirido por Dios para que anunciéis las virtudes de aquel que os llamó de las tinieblas a su luz admirable"*.

Aunque nosotros no somos "nazareos" como Sansón, sin embargo también somos separados, santos, escogidos, consagrados, sacerdotes de Dios y tenemos que velar por lo que hacemos. Tenemos que cuidar esta posición, no podemos ignorar este punto. Jehová se había apartado de Sansón sin que él se diera cuenta. Aunque en nuestros días, él prometió que *"estaría con nosotros, todos los días, hasta el fin del mundo"*. No obstante, nosotros también podemos apartarnos de Él, y podemos apagar el Espíritu de Dios que habita en nosotros (Ira Tes. 5:19).

Se vive en abierta rebeldía y desobediencia al Señor. Se hacen proyectos donde Dios no está como tal vez estuvo una vez en su vida o ministerio. Inclusive, congregaciones completas han caído en esto. Eran luces que alumbraban toda una comunidad, eran dirigidas por el Espíritu Santo y ahora son luces apagadas, terrenos áridos, sin fruto ni vida, para mantenerse vivos dependen de los años de experiencia y conocimiento tal vez piensan: "somos los de la vieja guardia", pero están vacíos, descansan en la gloria del pasado, pero fríos en el presente. Cantan, adoran, predican en sus Iglesias y, usando el lenguaje del libro de Jueces: "Dios se ha apartado de ellos, y no lo saben". Aun sus predicadores están de pie, parados en sus púlpitos ante una congregación, pero ante los ojos de Dios están sentados. Todo, por "no velar por lo que hacen". ¡Qué lástima!

En uno de mis viajes a Puerto Rico, visité algunas Iglesias llenas de la presencia y el poder de Dios. También fui a aquellas de las que proclaman ser las verdaderas, las santas, las de la vieja guardia. Iglesias que están llenas de recuerdos de la gloria pasada y ahora no hay vida en ellas. Le solicité a la persona que me coordina las visitas, que por favor, no me llevara a esas Iglesia. El Espíritu Santo hace tiempo que se fue de esas Iglesias.

Usted podrá proclamar o decir muchas cosas de usted mismo, pero sus acciones, su testimonio es lo que evidenciará su fruto. Haga el bien, recuerde que lo que haga debe *"hacerlo de corazón, como para el Señor y no para los hombres, porque de Dios recibirá la recompensa"*. Col. Cap.3, verso 23 y 24. Nuestras motivaciones deben ser correctas, pues las hacemos para Dios. Escuche el corazón de Dios, descubra lo que Él desea que usted haga; "vele por lo que hace". Como individuo, como persona, como cristiano(a), como esposo (a), como profesional, como educado o no educado, usted "vele por lo que hace", porque dará cuanta a Dios.

A continuación, una lista de sugerencias que deberíamos evitar hacer y luego oraré por usted.

- De todas las cosas que pueda evitar en la vida, evite contender, argumentar, cuestionar, murmurar o quejarse con Dios o de Dios recuerde que él es todo conocimiento. Job dijo que Él es sabio de corazón. (Job 9:3-4).
- Evite decirle a Dios cómo hacer su trabajo, créame, Él no necesita de su ayuda. No le diga a Dios que el cambio que Él desea hacer en usted es absurdo e innecesario. Recuerde, Dios es soberano (no olvide el sueño que tuve).
- Evite hacer cosas con la motivación incorrecta o con motivación ulterior, no piense en su propio beneficio. Recuerde que tanto nuestras afirmaciones como nuestras acciones serán puestas a pruebas y serán desafiadas también.
- Evite hacerse de la vista larga cuando Dios desea hacer cambios en usted o le está demandando hacer cambios que le corresponde a usted hacer y no a Él.
- No haga decisiones sin consultar primero a Dios. Recuerde lo que dije antes: "Dios no tiene ninguna responsabilidad con ninguna persona que tomó sus propias decisiones sin consultar con Él primero".

- Evite deshonrar a Dios con sus acciones o comportamiento. no contrita al Espíritu Santo, por favor.
- No trate de hacer cosas o de proyectar algo que no es o que no está en usted. Si su luz se apagó, no descanse en el conocimiento que tenga, la experiencia o la gloria del pasado. Enfóquese en hacer hoy lo que le agrada a Dios.
- Nunca olvide que lo que usted hace va a repercutir. el pecado que haga y lo oculte, lo alcanzará a usted. Hace como 20 años atrás, en Estados Unidos había un Pastor muy famoso. era un Pastor con gran influencia entre los Pastores y Ministros de las diferentes denominaciones eclesiásticas y civiles. Su luz brillaba poderosamente. era conocido nacionalmente e internacionalmente; admirado por todos. pero "no veló por lo que hacía". ocultó un pecado en él, y su pecado quedó expuesto al público. además las personas lo vieron como la persona que no había sido sincera en el mundo cristiano. Este hombre señaló públicamente el pecado de otro famoso predicador que fue a prisión. la luz de este hombre jamás ha vuelto a brillar en Estados Unidos. aunque Dios lo perdonó, su luz quedó opacada, aún después de veinte años de este suceso.
- Vele por lo que hace, pues lo que haga lo llevará frente a personas de influencia. Por lo que haga será reconocido y recordado, se le abrirán puertas. de lo contrario, las puertas se cerrarán, no lo reconocerán, no será de influencia y quedará en el anonimato.

- Recuerde que, aunque usted no es nazareo como Sansón, no obstante usted es consagrado, separado para Dios. conozca su palabra y haga lo que dice que debe hacer, Obedezca sus estatutos y viva una vida santa, lo más que pueda. Usted fallará como todos fallamos, usted pecará como todos pecamos, pero no haga del pecado su estilo de vida. **Piense que Sansón "no veló por lo que hacía", y Jehová se apartó de él, y él no se dio cuenta.**

Oremos: Padre bueno, Padre de luz, hago esta oración por la persona que acaba de leer este capítulo. Te pido que lo concientices sobre aquellas cosas que hace o que piensa hacer, las cuales repercutirán más adelante. Dale un corazón noble, que no cuestione, argumente o critique lo que Tú haces en él o ella. Te pido que su luz continúe brillando ante Ti y los hombres. Revélale los cambios que Tú deseas que él o ella haga para ser mejores personas, mejores cristianos y mejores hijos de Dios. Lo pido en el nombre del Señor Jesucristo. Amén.

Las buenas historias se obtienen y se
Escriben de hombres que aceptan los retos de
Dios y los vencen.

"No siempre será el diablo estorbando su camino, podría ser Dios ejerciendo SU señorío sobre usted."

Víctor M. Santiago

Capítulo V

Vele por sus pasos

Desde el momento que usted aceptó a Jesucristo como Salvador. Lo aceptó como el Señor de su vida. Lamentablemente, muchas personas buscan a Jesucristo como Salvador, sanador y libertador, pero no lo quieren como su Señor. Saben que aceptarlo como su Señor implica que la persona tiene que entregar su voluntad, sus sueños, decisiones, pensamientos y su vida, entre otros, al señorío del Señor Jesucristo. el apóstol Pablo, tiene algo que decir al respecto en Gálatas, Cap. 2, verso 20: *"Con Cristo estoy juntamente crucificado y ya no vivo yo, mas vive Cristo en mí; y lo que ahora vivo en la carne, lo vivo en la fe del Hijo de Dios, el cual me amó y se entregó así mismo por mí"*. En otras palabras, no me mando yo, ahora quien manda en mi vida es el Señor Jesucristo.

Ahora los pasos que doy, son dirigidos por Él, porque Jesucristo es mi Señor, mis pasos son ordenados por él y ahora no puedo ir a cualquier lugar que me lleven mis pies porque ahora no ordeno yo. Cada uno de nosotros encomendamos nuestras vidas a Dios y Él prometió que *"estaría con nosotros hasta el fin del mundo"*.

Su palabra nos sugiere que podamos echar nuestras ansiedades y cargas sobre Él, porque Él tiene cuidado de nosotros. Por lo tanto, la decisión más inteligente que podemos hacer es dejar a Dios que dirija nuestros pasos. Un común denominador en las personas que siempre están en problemas, en conflictos que van de aquí para allá, que se salen de allí para moverse allá y luego terminan en el mismo sitio o con el mismo problema. Generalmente, ninguno de ellos le ha confiado sus pasos al Señor. Lo que viven es una vida de confusión porque toman decisiones sin buscar el consejo de Dios. En proverbios, Cap. 20, verso 24 dice: *"De Jehová son los pasos del hombre: ¿cómo pues entenderá el hombre su camino?"* Si usted no sabe hacia dónde Dios lo está dirigiendo, ¿cómo va a saber lo que Dios está haciendo por usted, en usted y a través de usted?

Algunas personas tropiezan y dicen: "el diablo me estorbó". No necesariamente fue el diablo. No se ha puesto a pensar que podría ser Dios que está dirigiendo sus pasos. Este es el problema, muchos no entienden por dónde Dios lo está llevando. Van encontrando tropiezos en cada paso que dan. Es por eso que es importante mantener una relación íntima con Dios. Para saber por dónde Dios lo está llevando, tiene que "velar sus pasos". **No es el diablo estorbando sus caminos, es el Señor Jesucristo ejerciendo SU señorío sobre usted**. El problema es que no se está dejando dirigir por Dios. Es por eso que no le salen las cosas bien. Nada de lo que desee emprender funciona. Fracasa y seguirá fracasando y tropezando hasta que deje al Señor guiar sus pasos.

Jeremías, Cap. 10, verso 23 dice: *"Conozco, oh Jehová, que el hombre no es señor de su camino, ni del hombre que camina es ordenar sus pasos"*. Luego, en proverbios, Cap. 16, verso 9 dice: *"El corazón del hombre piensa su camino, mas Jehová enderezará sus pasos"*. Eso le pertenece a Dos, es lo que el amor de Dios está haciendo con usted y con migo. Él no desea que vaya a errar en su caminar, por lo tanto, el consejo de parte de Dios es: *"deja que Yo dirija tus pasos"*. ¿Sabe por qué?

Porque Él reina en su vida. Dios sabe a dónde lo quiere llevar. Lo quiere llevar de gloria en gloria y de triunfo en triunfo, en Cristo Jesús. Él nos pregunta hoy a usted, y mi: *"Confías en Mí, que puedo dirigir tus pasos"*. La probabilidad de que usted no llegue a su destino o a ningún lugar es bastante alta. Jamás un barco llegará a su destino si no es dirigido por su capitán, y aquí el Capitán es el Señor Jesucristo.

Cuando nuestros pasos son dirigidos por Dios, tenemos la garantía de que llegaremos al lugar donde él nos dirige y "aunque usted camine o ande en valle de sombra de muerte, no temerá mal alguno, pues Dios estará con usted". (Salmo 23:4, parafraseado por el autor).

El Reto de Dios

Dios le llevará a dar pasos de fe, ese es precisamente el caminar del cristiano. Es dar pasos de fe. Muchas veces, Dios lo colocará en situaciones difíciles donde usted se verá en la alternativa de dar un paso en fe. Dios dirigió al pueblo de Israel hacia el Mar Rojo. El Señor estaba dirigiendo al pueblo judío ya que estaban entre el ejército egipcio y el Mar Rojo. Moisés clamó a Dios y Dios le dijo: *"Porque clamas a mí, dile a los hijos de Israel que marchen".* Éxodo, Cap. 14:15. Dios sabía lo que estaba haciendo porque fue Él, el que los dirigió por ese camino. Dios los estaba sacando de la esclavitud, de la pobreza, de la miseria y de la, escases, para dirigir sus pasos a la tierra prometida, a la tierra de la prosperidad, de abundancia, a la tierra de la bendición. Y Dios desea hacerlo también con usted, pero tiene que dejar dirigir sus pasos por el Señor.

AL Señor le agradan las personas de carácter, comprometidas a caminar los pasos de retos. De los que aceptan los retos de Dios, son de los que se escriben las historias. Esos son los que sobresalen en la historia, tanto en historias ficticias como en las verídicas. Tal vez usted ignora a los lugares que Dios ha deseado llevarlo a usted, pero por no seguir sus pasos no ha dado el paso de fe.

Le pregunto a usted: *¿a cuál Mar Rojo le ha dirigido Dios en su vida para ser cruzado por usted? ¿Está estático o da pasos de fe y cree que Dios guiará sus pasos o se queda clamando cuando Dios le dice: "marcha"?* Cuando Dios da una instrucción, debe dar ese paso de fe. A Josué le retó a caminar por el Jordán y no fue hasta que pusieron los pies en el agua cuando se abrió por la mitad. Josué, Cap. 3, verso 13. *"su Jordán se abrirá, su mar rojo se abrirá cuando dé el paso de fe, porque Dios dirigirá sus pasos"* fue por eso que Dios le dice a Josué: "...esfuérzate y sé valiente..." Dios le dice a usted, "sea valiente, dé los pasos de fe que Dios desea que usted dé".

Algunas personas desean ir a la segura, sin embargo, Dios desea que tomes riesgos y camines; o como dicen algunos predicadores de hoy día, "lánzate". Dios abrirá los mares frente a usted. Nunca podrá descubrir el potencial y las capacidades, habilidades y talentos que hay en usted hasta que no se arriesgue a dar un paso de fe, bajo la dirección de Dios. Si usted vela sus pasos y deja que Dios los guíe, Él lo llevará a su destino y a lugares donde jamás pensó que llegaría. Dios desea que usted descubra lo que puede hacer a través de usted, si tan solo se deja dirigir sus pasos por Él.

La obstinación del hombre

No hay peor comportamiento (actitud) que el ser terco y obstinado. No se sienta solo si usted es así. Todos hemos procedido de una forma u otra de igual manera muchas veces en la vida. Pero, hay personas que son tercos a la "n" en potencia. No hay forma de hacerlos entender, aunque la solución esté frente a ellos. Hay personas que no se dejan dirigir. Dios desea guiar nuestros pasos, Él sabe cómo hacerlo. Lo que debemos hacer es descansar en su sabiduría y ser obedientes a Sus instrucciones.

Un Pastor de Lawrence, Mass. Que conocí hace más de veinte y cinco años atrás me contó que en su país, la República Dominicana, para la década de los cincuenta, cuando él era un joven predicador, que iba en su caballo por los campos predicando el Evangelio a los campesinos. Él decía que su caballo era un caballo misionero. Un día, ya se hacía tarde y él quiso regresarse a su casa antes de que oscureciera, pero el caballo no respondía. El Pastor le daba espuelazos y el caballo no se movía, ni para atrás ni para el frente. No había forma de mover a aquel caballo misionero. El Pastor se desesperó un poco pues ya estaba oscuro y el caballo "terco" no quería marchar hacia ningún lugar. Frustrado y cansado de tanto intentar que el caballo se moviera a caminar, el Pastor decidió cantar un himno, "cuando allá se pase lista", era el himno. El caballo paró sus orejas como pensando: *"Hey, me gusta eso"*. Y cuenta el Pastor que el caballo, al oírlo cantar, echó a correr y correr a una velocidad espantosa. Cuando el Pastor llegó a su casa, se quedó pensativo en cuanto a la terquedad del caballo misionero, y cómo este respondió a la melodía de un himno. Después de meditar en esto, le contó a su Iglesia sobre esa experiencia y no pudo evitar hacer una comparación del caballo con algunas personas en la Iglesia, la cual él dirigía. El Pastor dijo: "qué triste es que hay personas que corren a fuerza de espuelazos en lugar de correr a la dulce voz de Dios." no se dejan guiar, no dejan que Dios guie sus pasos, son obstinados. Ellos creen que su opinión es mejor o más sabia que la de Dios. Pero, cuando las cosas salen mal no se hacen responsables de sus decisiones, y lo primero que hacen es decir: *"el diablo me estorbó"*. **Como ya dije, y repito, no es el diablo estorbando su camino, es Dios ejerciendo SU señorío, pero usted tiene que dejarse guiar por Dios.**

Con cada paso que usted da sin consultar con Dios, se arriesga a errar y puede ser costoso. Ya en otros capítulos le he repetido que: ***"Dios no tiene ninguna responsabilidad con ninguna persona que tomó una decisión sin buscar primero su consejo."*** Lo apropiado es dejarse guiar por Él. Dios sabe por cuál camino lo dirige a usted. Todos sus pasos son ciertos. No hay incertidumbre en Él. Deuteronomio Cap. 31: 8 dice: *"y Jehová va delante de ti; Él estará contigo, no te dejará, ni te desamparará; no temas ni te intimides".*

Los indecisos

Hay personas que son muy indecisas. esto viene como resultado de la inseguridad que tal vez tuvieron en la crianza cuando eran niños regularmente unos padres indecisos, crían hijos indecisos, muchas veces sin percatarse. Estas personas están siempre en la inseguridad de *"¿doy el paso de fe o no lo doy?"* Esto trae a mi memoria un chiste que lo llevo contando por más de veinticinco años, el cual ilustra lo indeciso de algunos individuos.

-El doctor le pregunta al paciente: *¿Te duele al respirar?*

-El paciente le responde: "bueno, doctor, *como que me duele y no me duele."*

-Pero, *¿siente que te ahogas momentáneamente?*

-Bueno, doctor, responde el paciente, *como que me ahogo y como que no me ahogo.*

-Y, *¿sientes que te da un "jaleo" en el estómago?*

-Bueno, doctor, es como que me da jaleo y como que no.

-Muy bien, dice el doctor; *aquí te doy estas pastillas, te las tomas tres veces al día.*

-Doctor, *¿y qué me van a hacer estas pastillas?*

-El doctor le contesta: *Bueno, tú vas a ver como que te sanas y como que no te sanas.*

Dios no puede contar con personas que proceden como este paciente. Usted da los pasos de fe, cuando Dios le indique. No debe haber ambivalencia en usted. No cuestione a Dios. Si usted sabe que el paso que va a dar viene de una instrucción de Dios, hágalo, Dios lo va a guiar por donde Él lo desee llevar, Él enderezará sus pasos. Sólo dé el paso que tiene que dar.

Cuántos hombres de negocio y mujeres también perdieron la "gran oportunidad" de emprender algún negocio, que sentían en su corazón que era el negocio que los iba a sacar de la pobreza o de la escases, y aún del anonimato. Por no atreverse o por no confiar en la voz de Dios, cuando le hablaba diciendo: *"Soy yo el que te dirige, hazlo, esta es la contestación a la oración que tanto hiciste, da el paso ahora."* pero perdieron la oportunidad. Puede que el Señor le envíe algún cristiano que le profetice la voluntad de Dios. Pero ya sea por miedo a lo desconocido, ambivalencia, inseguridad o temor, no lo hizo y se perdió *"la gran oportunidad"*. Como se dice, "se le pasó el tren". El problema de esta inseguridad es que va a tener que esperar al otro ciclo de bendiciones de Dios, y eso puede durar años para que vuelva esa *"gran oportunidad"*. Perderá las bendiciones que traería ese paso de fe. (Santiago, Cap. 1:6-8) recuerde, lo importante es intentarlo, aunque en el intento fracase. Mejor es intentar y fracasar, que nunca intentarlo. Del fracaso, muchas veces se aprende. Como dice un conocido predicador, *"el fracaso, es el triunfo virado al revés".*

He sido vendedor toda mi vida, y sé de lo que estoy hablando. También he sido predicador toda mi vida adulta. En el 1986, salí de mi Isla, con llamado como evangelista por el mismo Dios. Usted no se imagina las veces que he llorado y lamentado por no haber dado un paso de fe, dirigido por Dios. Actualmente, Dios me está diciendo que debo hacer ciertos cambios en cuanto al Ministerio, los cuales demandarán de mí dar el paso de fe, y confiar plenamente en la provisión de Dios. Ese es mi reto. En este momento, puedo sentir también el dolor y la tristeza de los que leerán este libro, sé que estarán siendo conmovidos porque ellos saben de lo que estoy hablando. Sabe amado lector, que le hablo a usted por medio del Espíritu. Puedo percibir personas leyendo este capítulo y las puedo ver lamentándose al leer estas líneas. posiblemente usted piense ahora mismo: *"Yo pude haber salido de esta situación, si tan sólo hubiese dado ese paso de fe el cual el Espíritu Santo me impulsaba a dar; y por ignorancia o miedo al fracaso, no lo intenté y ahora es otro el que se está beneficiando de eso. Esa bendición me tocaba a mí; eso era mío, esa era la gran oportunidad, y la perdí".* **En muchas ocasiones, lo que no nos deja dar ese paso de fe y nos limita es el miedo; y el miedo paraliza.**

En una conferencia que diera el Dr. Mario E. Rivera Méndez dijo: y cito. "Un principio muy importante que todos debemos recordar es que nuestros miedos son generados por conceptos o pensamientos auto limitadores o erróneos. Estos pensamientos auto limitadores son la razón de la forma en que pensamos, sentimos o nos comportamos. El hacerle frente a estos pensamientos que nos limitan y muchas veces nos aprisionan, acelerará nuestro crecimiento emocional y nos equipará para hacer frente al mañana". (Fin de la cita)

Al escribir este capítulo, mi corazón se compunge por lo que escribo, porque yo también tenía esa atadura de no atreverme a dar un paso de fe, en el Ministerio, en otros niveles y en los negocios. Tal vez estuviera en otro nivel, por no haberlo dado. Como consecuencias he tenido pérdidas, todo por procrastinar (posponer) por no dar ese paso, por no confiar en Dios. Se nos olvida que Él prometió que cuidaría de nosotros.

Ver 1ra de Pedro, Cap. 5, verso 7. Por esperar el mejor momento, me dejé llevar por las circunstancias, por mirar lo que pasaba a mi alrededor no di pasos de fe. **Las malas circunstancias a su alrededor no es una señal para que te sientes a esperar a que las condiciones sean favorables. Es todo lo contrario, eso debe moverlo a tomar acción y dar pasos de fe.** Eclesiastés dice: *"...el que al viento observa, no sembrará; y el que mira a las nubes, no segará".* (Cap. 11: 4)

Nada, absolutamente nada, ocurrirá en tu vida si primero no das el paso de fe. ¡Delo ahora! Saque de ese baúl, de esa caja de ideas, o de la gaveta del escritorio la idea que una vez tuvo y que pensó que no servía o no funcionaría. Es posible que esa idea fuera de Dios para sacarle del hoyo, tal vez esa fuera la idea en recompensa a su fidelidad; ya sea por sus diezmos y ofrendas, o semillas que ha sembrado y han dado fruto. Tal vez usted amado amigo(a) o ministro que se ha quedado en la misma transición, y no sales de ahí. Todas las demás iglesias y ministerios han echado vuelo a sus ideas y usted todavía está en transición. ¡Salga de ahí ya!, y dé el paso de fe que Dios desea que usted dé. De lo contrario, se pasará el resto de su vida lamentándose de lo que pudo haber sido y no fue, de lo que pudo haber llegado a ser en la vida y no lo fue. Recuerde lo que dije anteriormente respecto al auto compasión, en el capítulo III. Detenga eso en el nombre del Señor y no se lamente más.

Yo tengo un sueño

¿Ha escuchado la historia de Susan Boyle? Yo quedé impresionado por lo que vi y escuché, que sin darme cuenta me amanecí viendo en el Internet la vida de esta mujer y todo lo que se reportó de ella.

En Inglaterra, se lleva a cabo un programa que se llama "Britain's got talent" (los británicos tienen talento). Es el equivalente a "American Idol" (El ídolo americano), de Estados Unidos. En estos programas, personas aficionadas al canto y otros talentos, entre otras cosas, participan por un premio. Muchos jóvenes talentosos participan en el concurso. Cuando Susan Boyle, se presentó, las personas la menospreciaron, el público se mofó antes de que abriera la boca. Tal vez, esto ocurrió por su aspecto físico, por la primera impresión que dio esta mujer que quería llegar lejos como cantante profesional. Los jueces del programa le hicieron preguntas a las cuales ella tardaba en contestar, tal vez debido a los nervios, mientras el público se reía de ella.

Cuando le preguntaron cuál era su sueño, ella dijo: *"quiero cantar profesionalmente",* las personas se burlaban de ella abiertamente, especialmente cuando dijo que le gustaría estar al nivel de Elaine Paige, famosa cantante de Gran Bretaña. Inclusive, los mismos jueces mostraron desprecio y algo de burla por el aspecto de ella. Permítanme darle algunos detalles de Susan Boyle cuando se presentó por primera vez al programa:

Era una mujer simple, sin cuidado físico. Estaba en sobre peso, no tenía atractivo. Su cabello estaba completamente descuidado, con una edad un poco difícil para emprender una carrera artística. Su vida era cantar en el coro de la Iglesia. Nunca se había casado y dijo que nunca había sido besada románticamente. En el momento estaba desempleada, se había dedicado a cuidar a su mamá. No tenía muchos amigos, pero sí muchos conocidos, llevaba una vida sin tener éxito en las cosas que emprendía. Para empeorar las cosas eligió una canción un poco difícil de cantar, pues hay que tener una hermosa voz para poder lograr cantarla el título de la canción era: "yo tengo un sueño", de la obra musical "Los Miserables". Considero que Susan Boyle eligió esa canción, porque tal vez, esa era su historia, ella se identificó con esa canción. (Toda la información brindada fue obtenida del Internet).

Cuando participó en ese concurso fue causa de burla hasta que abrió la boca para cantar, de ella salió una de las voces más bellas y potentes que se ha escuchado jamás. Varios segundos pasaron cuando el público comenzó a aplaudirla, muchos de ellos puestos de pie. Ellos no dejaron de aplaudir. Todos quedaron asombrados por su voz, en los tonos difíciles pudo subir sin ninguna dificultad. Aún después de terminar de cantar todavía, continuaban aplaudiendo a esta mujer.

Al otro día, los medios noticiosos, la prensa comenzó a hablar de Susan Boyle. Un titular decía: "una estrella ha nacido", otro reporte decía "es una historia de Cenicienta". Desde que Susan Boyle participó en ese concurso ella fue catapultada desde el anonimato hasta la fama en cuestión de un día. En cuestión de unos cuantos meses ella estaba cantando en lugares famosos e importantes. Lo que a otros artistas le hubiese tomado años, ella lo logró en poco tiempo. Aún más, cantó junto a la famosa Elaine Paige en un dueto en la televisión británica. Con la ayuda de uno de los jueces, ella pudo grabar su primer CD (disco compacto) y en la primera semana se vendieron más de setecientas mil copias. Le han hecho ofertas para escribir su biografía e inclusive, hacer una película sobre su vida. Ahora Susan Boyle es conocida mundialmente el sueño de Susan se hizo realidad a los 47 años de edad. Ella tenía todas las excusas habidas para pensar que a los 47 años no tenía nada que buscar.

No sabemos cuántas veces lloró en silencio o cuánto dolor tendría en su corazón mientras crecía y se desarrollaba como mujer. Cuántas veces vio a sus amigas casarse y tener familias y ella a su edad tal vez pensaba: *"no tengo a nadie que me ame románticamente"*. Sólo Dios sabe cuánto ella ha sufrido. Pero Dios le hizo justicia a Susan Boyle, como Dios le hará justicia a usted a su debido tiempo. Muchos quedamos maravillados con la historia de Susan Boyle. Alguien describió su voz como angelical. Uno de los jueces dijo: "increíble, extraordinario".

Mi pregunta para usted es: *"¿cuál ha sido su sueño? ¿Quién lo sustituyó a usted, por usted no haberse dado la oportunidad? ¿Lo enterró, cree que es muy tarde ya? ¿Se ha quedado ese sueño cerrado en el almacén de su mente y su corazón?"* En cuestión de un día, Dios puede cambiar su lamento en baile, su tristeza en alegría y hacer su sueño realidad. Lo hizo con Susan y lo hará con usted si se lo permite. La Biblia establece que Dios repartió dones a los hombres y mujeres y por lo menos un don (talento o habilidad). Tanto en lo espiritual, como en lo material, nuestra responsabilidad es reconocer cuál ese don que Dios nos ha dado y ponerlo a los pies del Señor y de nuestros hermanos de la Iglesia. Debemos identificar y desarrollar ese don y dar el paso de fe.

Al igual que Susan Boyle, que no pensó en lo que pudieran decir de ella, no se enfocó en lo que no le favorecía, tampoco pensó que era muy tarde, no se dejó llevar por la auto compasión. Ella nos debe servir de estímulo y de ejemplo. Susan simplemente dio el paso de fe y se presentó en ese concurso, y el resto es historia.

Dé el paso de fe y déjele el resto al Señor. Piense que Él es quien dirige sus pasos. Someta su voluntad al Señorío de Jesucristo y el Espíritu Santo le guiará a toda verdad, a toda justicia y lo guiará también al lugar de bendición. Lo llevará a la tierra que fluye leche y miel, lo llevará a un estilo de vida productivo. Esto fue algo que decidí hacer en mi vida. Tuve que hacer cambios en mis pensamientos, en mi corazón, en mi hablar en lo que hacía, hasta hice cambios entre mis "supuestos amigos". De ellos se puede escribir otro libro.

Las pruebas, los desiertos, las tormentas, todo tiene su propósito en nuestras vidas. En las pruebas descubrimos quiénes son nuestros mejores amigos. Pude experimentar esto en mi vida. Le recomiendo que lea el capítulo VII de este libro y siga las sugerencias que le doy al final del capítulo de velar con quién anda, le abrirá los ojos para verdaderamente saber quiénes son o se dicen llamar sus amigos.

Por último, le sugiero que descanse en Dios, que entre en su reposo, Él sabe lo que hace, Él sabe por cuál camino le lleva. Sus pasos serán firmes si se deja guiar por Dios.

En Eclesiastés, Cap. 11, verso 5 dice: *"Como tú no sabes cuál es el camino del viento, o cómo crecen los huesos en el vientre de la mujer encinta, así ignoras la obra de Dios, el cual hace todas las cosas"*. Cada paso que no dé, hará que se atrase o que llegue a usted lo que Dios ha reservado para usted desde antes de la fundación del mundo. Usted no podrá detener lo que Dios hará con usted, pero sí puede atrasar el proceso. Si desea verificar esta información, le sugiero que lea la historia del pueblo de Israel.

Ahora le brindaré una lista de los pasos y/o cosas que debe evitar, y luego oraré por usted.

- Antes de dar un paso recuerde consultar a Dios. deje que Él guie sus pasos.
- Verifique que lo que va a hacer viene de Dios y no es producto de un capricho suyo.
- No se detenga en dar el paso de fe, cuando sea "tiempo de marchar".
- Camine al ritmo que Dios le da y no al ritmo de los demás.
- Piense antes de tomar una decisión. no haga nada, si está indeciso, consúltele a Dios.
- **Nunca, pero nunca, pida consejo a alguna persona que piensa como un perdedor en todo el sentido de la palabra. es posible que en vez de animarlo, le desanime. no se deje influenciar por el miedo que esa persona quiere influenciar en usted. usted dé su paso de fe.**
- Recuerde que Jesucristo es su Señor y Él es quien enseñorea su vida.
- Siempre escuche la voz del Espíritu Santo cuando quiera tomar una decisión para agradar a Dios. le sugiero que lea con detenimiento el Libro de los Hechos de los Apóstoles. podrá adquirir conocimiento de cómo el Espíritu Santo daba (y aun da)

dirección a todos aquellos que se sujetaron y se dejaban dirigir para servirle.

- Piense positivo, si hay tropiezos en su vida no piense que vienen de parte del diablo el cual desea estorbarlo, ya que puede ser Dios ejerciendo su Señorío sobre usted. recuerde que *"ya no vive usted, sino que Cristo vive en usted".* no lo olvide.

- Recuerde, cuando es Dios quien guía sus pasos, usted llegará a puerto seguro, llegará a su destino.

- Venza el miedo que le pueda producir el emprender algo nuevo, piense que esa idea puede venir de Dios.

- Piense que no es hasta que usted pone los pies en el mar que el agua se abre ante sus pies, y si no se abre, entonces intente caminar sobre el mar. (Pedro lo hizo)

- Si las circunstancias no son favorables y todo está saliendo mal, tal vez ese sea el mejor momento para comenzar.

- Espero que recuerde lo que le conté sobre el caballo que no deseaba emprender camino, ni aun pegándole con las espuelas; camine al ritmo de la dulce voz de Dios.

- En vez de ver las cosas del lado negativo o de la indecisión, como el caso del doctor y del paciente, trate de ser positivo, venza el miedo y tome decisiones con firmeza.

- Finalmente, dele gracias a Dios porque Él enderezará sus pasos, porque *"aunque usted ande en valle de sombra de muerte, no temerá mal alguno, porque Dios estará con usted, su vara y su callado le infundirán aliento."* ¡Gloria a Dios! Que Dios le bendiga.

Oremos:

Soberano Dios, que conoces mi acostar y levantar, mi oración es que Tú guíes los pasos del lector de este libro y permite que pueda buscar Tu rostro para saber qué pasos debe seguir cuando necesite tomar una decisión, o en las decisiones del diario vivir. Dale las fuerzas necesarias, valor y firmeza para que cuando tenga que dar un paso de fe, lo haga descansando en Tu soberanía, ya que eres Tú quien ordena sus pasos. Te lo pido en el poderoso nombre de Jesucristo, el Señor. Amén.

"Por dónde usted camine y visite, con regularidad va a evidenciar quién es usted y cuáles son sus prioridades."

Víctor M. Santiago

Capítulo VI

Vele por sus caminos

"Encomienda a Jehová tu camino, confía en él y él hará,"
Salmo Cap. 37, verso 5.

Dios creó al hombre y a la mujer con el deseo de tener con ellos una relación íntima de amor. Al crear la tierra y todo lo que en ella hay, fue para gusto y satisfacción del ser humano. Todo lo que el primer hombre, Adán, y la primera mujer, Eva, necesitaban en la tierra fue provisto desde antes de que ellos fuesen creados. Dios sabía de todas las necesidades de esta pareja. El Señor también había dado instrucciones al hombre respecto de lo que podía y no podía hacer. En Génesis, Cap. 2, verso 9, dice: *"Y Jehová Dios hizo nacer de la tierra todo árbol delicioso a la vista y bueno para comer; también el árbol de la vida en medio del huerto, y el árbol de la ciencia del bien y el mal".* La instrucción fue*: "...más del árbol de la ciencia del bien y del mal no comerás; porque el día que de él comieres, ciertamente morirás" (17).* El resto es historia.

"El hombre desobedeció una instrucción de Dios y las consecuencias no tardaron en llegar. Todo cayó bajo el juicio de Dios; la flora, la fauna y la humanidad. Pero Dios tuvo misericordia del hombre y envió a Su Hijo Jesucristo, el segundo Adán, el cual llevó sobre Él todos los pecados de la humanidad. Así que este problema se resolvió en la cruz del Calvario solo tenemos que aceptar del Señor ese sacrificio que Él hizo en la cruz, aceptarlo como nuestro Salvador, aceptar que el Señor Jesucristo es el hijo de Dios, y seremos salvos.

Desde que el hombre fue creado, hasta el día de hoy, ha estado recibiendo instrucciones de Dios. El Señor sabe qué es lo que le conviene al hombre, después de todo, Él fue su Creador. No obstante, desde el primer hombre hasta el día de hoy, el hombre ha hecho, hace y hará lo que desea, y desobedece a Dios; es lamentable, pero cierto. Dios es quien elige dirigir el camino del hombre, pero lamentablemente el hombre elige su propia ruta. Isaías 53, verso 6 dice: *"Todos nosotros nos descarriamos como ovejas, cada cual se apartó por su camino...".*

El hombre no ignora que fue creado para el deleite de Dios, para glorificarle, exaltarle y servirle para siempre y a pesar de eso, desobedece a Dios. El hombre decide su propio camino. Lo vimos con Adán y Eva, con las personas el día del diluvio, con los de la Torre de Babel, y esto es apenas en los primeros 11 capítulos del libro de Génesis y lo vemos a través de toda la Biblia.

En la Biblia hay cientos y cientos de eventos con personas que eligieron su propio camino sin consultar a Dios, y tuvieron nefastas consecuencias hasta la cuarta y quinta generación familiar. Aun hubo personas inocentes que han pagado por las decisiones de otros. Alguna vez usted se ha puesto a pensar que personas que ni siquiera han nacido han recibido los efectos de una maldición que vino producto de un pariente que eligió su propio camino en lugar de obedecer a Dios. Como consecuencia, Él decretó juicio sobre esa persona y sobre su generación. Damos gracias nuevamente al Señor Jesucristo porque Él llevó sobre Su cuerpo la maldición de la ley y ahora vivimos en esta poderosa y preciosa gracia. Romanos, Cap. 3:24, y Romanos, Cap. 6, verso 14.

Los caminos de Israel

Una de las características de Israel, la nación elegida por Dios, es que hasta el día de hoy, ignoran la voz de Dios. Ellos conocieron el Tora, la ley mosaica, el Pentateuco, los ritos y fiestas religiosas, al igual que los escritos de los Profetas. Pero no conocieron el corazón y los caminos de Dios, de hecho, uno de los propósitos del Señor Jesucristo era que conocieran a Dios como su Padre: *"y esta es la vida eterna, que te conozcan a ti, el único Dios verdadero, y a Jesucristo a quien has enviado"*, Juan, Cap. 17, verso 3.

El pueblo elegido por Dios no conoció los caminos del Señor. En el Salmo 95, versos del 8 al 11, nos hace una sugerencia a todos nosotros en referencia a ellos: *"Si oyeres hoy su voz, no endurezcáis vuestro corazón como en Meriba, como en el día de Masah en el desierto, donde me tentaron vuestros padres, me probaron y vieron mis obras. Cuarenta años estuve disgustado con la nación, y dije: pueblo es que divaga de corazón y no han conocido mis caminos. Por tanto, juré en mi furor que no entrarían en mi reposo"*. Dios dirige a Israel por el desierto, lo sacó de Egipto donde eran esclavos, pobres, miserables, etc. Para llevarlos de camino por el desierto a la tierra prometida, al lugar donde estaba la bendición de Dios esperándoles. Pero, por revelarse en contra del siervo de Dios, murmuraron y cuestionaron el liderazgo de Moisés y por ende, el de Dios, porque era Él, quien los dirigía, Moisés solo seguía las órdenes de Dios. El camino de Horeb hasta Cades-Barnea era de once jornadas (11 días) los cuales se convirtieron en cuarenta años en el desierto, debido a su desobediencia. Así que podemos decir que por ellos no conocieron los caminos del Señor. Ellos caminaron 39 años y once meses, veinte días de más por la desobediencia de sus corazones. Por no dejarse dirigir por Dios, ninguno de ellos, de esa generación que salió de Egipto, entró en la tierra prometida, ni siquiera Moisés pudo entrar; solo pudo mirarla de lejos, desde el Monte Nebo.

Moisés pudo divisar de lejos la tierra prometida, pero él y mucha gente murieron antes de entrar, excepto Josué y Caleb, y los que nacieron en esos años en el desierto, los otros perecieron. Era Dios quien los dirigía, pero ellos olvidaron de las grandezas que Dios había hecho anteriormente. Ellos pudieron ver las plagas que Dios envió a Egipto, el ángel que mató a todos los primogénitos egipcios, sin embargo ningún primogénito hebreo murió; pudieron ver abrirse el mar rojo, y caminaron por el mismo medio, también vieron como las aguas ahogaron a sus enemigos luego de ellos haber cruzado, y aun así fueron desobedientes.

Si yo viera esas proezas, en que el mismo Dios abre camino en el mar, puedo creer que Él, el cual es soberano, sabrá dirigirme por el camino correcto.

Sus propios caminos

El problema con ese pueblo fue que ellos salían de Egipto, pero Egipto no salió de ellos porque aunque eran físicamente libres, mentalmente permanecieron esclavos. Dejaron Egipto atrás, pero siguieron con el mismo comportamiento de las quejas y las murmuraciones. Eso les trajo atraso, para ser más específico, cuarenta años de atraso. El atraso nos hace perder las bendiciones que Dios tiene en mente darnos, o tal vez no lo pierde ya que Dios cumple lo que promete, pero llegan cuando usted está en otro nivel. Por ejemplo, ¿alguna vez cuando usted era niño, deseó tener un muñeco famoso de los de su época, o si es una mujer, deseó tener la muñeca que estaba de moda, y nunca lo pudo tener porque se portó mal cuando niño y sus padres le negaron ese juguete? Y ahora que es un adulto, que trabaja, ya no necesita que sus padres le regalen esos regalos deseados, usted mismo se los puede comprar, pero ya se pasó el momento de tenerlos. Ahora usted es un adulto de tal vez treinta años y es todo un profesional y ya no es el tiempo de jugar con el muñeco o la muñeca que deseó de niño(a). Imagínese que su jefe llegue a su casa a llevarle algunos documentos y le encuentre jugando con ese juguete que usted deseó de niño. Él pensará que usted necesita un poco de ayuda.

Hay quienes rehúsan salir del desierto. Conozco personas y sé que usted también conoce algunas que tienen veinte años con la misma queja. Su enfoque son ellos mismos; "lo que me hicieron, lo que me dijeron". Sé de una persona que se ha quedado viviendo en el pasado y no sale de ahí. Cuenta las desdichas pasadas y no sabe contar otra cosa. Cuenta las desdichas que supuestamente le hicieron hace veinticinco años atrás. Pero cuando usted lo escucha piensa que sucedió hace varias semanas atrás.

En una ocasión, mientras pastoreaba una Iglesia a cuarenta y cinco minutos de mi ciudad, conocí una familia quienes tenían muchos problemas. Problemas de todas clases, hasta maldiciones generacionales la esposa me llamaba para contarme los problemas. Hablaba conmigo por largo rato. Como yo era el Pastor de ellos, la escuchaba con atención y con compasión. La dejaba que se desahogara, hablaba hasta altas horas de la noche sobre lo que le hacían sus cuñados y sus suegros. Luego de escucharla por varios días, se me ocurrió preguntarle: *¿cuándo sucedió todo eso que me está contando?* Pues daba la impresión que tan solo habían pasado algunos días. Ella me contestó: "Pastor, eso hace quince años atrás". Reaccioné de inmediato y le dije*: "Un momento, ¿todo lo que usted me ha contado hasta ahora sucedió hace quince años atrás?"* Ella respondió llorando, "sí *pastor".*

Esa mujer ha vivido en su propio desierto por quince años. Ella no ha podido disfrutar la vida cristiana porque no ha querido perdonar a esos familiares. Esas ofensas estaban bien presentes en su vida. ¡Qué pérdida de tiempo y energía!

Mi sugerencia para usted, si tiene esta situación o alguna parecida es que salga de su desierto lo más pronto posible, porque podría ser que por quejarse y murmurar tanto se quede ahí, o peor aún, muera ahí sin ver las cosas que Dios ha prometido para usted. Siempre que usted haga lo contrario a la Palabra de Dios, es una señal de que usted tiene su propia agenda, usted elige su propio camino, usted hace su propia voluntad.

Las personas que tienen su propia agenda, que dirigen sus vidas y no dejan que Dios las guíe, se están perdiendo grandes y maravillosas bendiciones del Señor. Están caminando su propio desierto aunque vean que tienen provisión, al igual que Israel la tuvo en el desierto. No obstante, permanecen o siguen en su desierto. Podrán tener ropas preciosas, tener joyas, oro, etc. pero no dejan de estar en el desierto. Israel salió con el oro de Egipto, pero perecieron en el desierto por no querer conocer el camino que Dios les había trazado. No permita que eso le suceda a usted, para que no haga lo que hacen algunas personas de las que le hablé en el Capítulo cuatro, los que culpan al diablo por todos sus fracasos. Eso es fácil hacerlo, lo único es que se quedará ahí, mientras no se haga responsable de sus decisiones.

Somos nosotros mismos lo que seguimos nuestro propio camino, desobedecemos a Dios abiertamente sin medir las consecuencias. Luego nos damos cuenta de que no tenemos paz, no sabemos dónde está el problema, no sabemos identificarlo, no nos damos cuenta dónde está el error. Como resultado, no disfrutamos del reposo de Dios. Es como ir a la deriva, nos confundimos porque no sabemos el camino. Es por eso que usted y yo necesitamos la dirección de Dios, porque Él sabe cuál es el mejor camino para nosotros. Él es nuestro guía, de otra manera nos perderemos y no llegaremos a nuestro destino. Esto no será culpa de nadie, sino nuestra.

Le voy a dar un ejemplo bien simple: si usted desea ir a las amazonas a predicar a los nativos, es mejor que busque una persona local que le sirva como guía, porque si no conoce el territorio, se va a perder y se enfrentará a toda clase de peligros. De igual modo es en lo espiritual. Su guía es el Espíritu Santo. Pero si usted no se deja guiar y decide ir por su propio camino se va a encontrar con grandes peligros. Puede que llegue a su destino, pero con grandes dificultades. Le repito nuevamente, *"Dios no tiene ninguna responsabilidad con la persona que tomó su propia decisión sin consultarlo a Él primero".* Siempre tenga esto presente; Si usted se mete donde Dios no lo envió o si usted se casa con la persona que Dios le dijo de ante mano que no lo hiciera, o si usted hace pacto de negocios sin consultar con Dios primero, usted solo va a tener que atenerse a las consecuencias. Pero si Dios lo envía o le da una instrucción, Él se hará responsable de usted.

Las consecuencias de tener sus propios caminos.

Todos conocemos la historia de Jonás y de la "famosa ballena o pez grande". Dios le dio instrucciones a Jonás de tomar una embarcación y se dirigiera a Nínive para que le predicara a más de ciento veinte mil personas que no sabían discernir entre su mano derecha y su izquierda con esto quiero decir que ésta era una ciudad que necesitaba de la Palabra de Dios. Pero Jonás tomó su propio camino, a pesar de que sabía que Dios era el que lo estaba enviando a esa ciudad. Él tomó su propia decisión y se dirigió a la ciudad de Tarsis. Se fue a esa ciudad, a la cual Dios NO le había enviado, se formó una gran tempestad en el mar, de tal manera que casi se hundía la embarcación. Cada hombre comenzó a clamar a su "dios". Mientras tanto, Jonás dormía plácidamente, eso era lo que ellos pensaron al verle.

¡Cuidado! Vele por estas cosas y le irá bien.

He tenido la oportunidad de estar en botes y lanchas, y he podido percatarme de la sacudida que producen las olas al chocar contra la embarcación, y créanme que despierta a cualquiera que esté dormido pero, Jonás no deseaba levantarse porque él sabía que era Dios sacudiendo la barca por su desobediencia. Él había tomado su propio camino, desobedeció abiertamente a una instrucción de Dios. El Señor estaba llamando su atención poniendo el mar embravecido. Y en su obstinación de no obedecer a Dios pidió a los tripulantes que lo arrojaran al mar. Él pudo decirle a Dios: *"Señor, lo lamento, me arrepiento de mi desobediencia, calma el mar y me regreso a Nínive, donde me enviaste"* pero él prefirió que lo arrojaran al mar embravecido. No creo que él se imaginara siquiera que un gran pez lo estaría esperando para llevarlo y expulsarlo en Nínive; pero prefirió ahogarse en el mar que regresar al camino de Nínive.

Jonás estuvo en el vientre del gran pez por tres días y tres noches. En el capítulo dos del libro de Jonás dice que él oró a Jehová, su Dios, desde el vientre del gran pez después de tres días. Créanme, si yo caigo en el vientre de un gran pez, como el que se tragó a Jonás, yo no espero tres días para clamar a Dios. A los tres segundos de estar allí me arrepiento y obedezco a Dios. pero la obstinación de Jonás fue tal que la Biblia registra que después de tres días y tres noches fue que él clamó a Dios, se arrepintió y tuvo que admitir su falta y fue de regreso a Nínive, en obediencia a Dios.(estudiosos creen que él murió y que en el seól clamó.)

Quise traer esta historia de Jonás porque una de las enseñanzas que se obtiene de esta historia es ver cómo un hombre que tomó su propia decisión, su propio camino y no el que Dios le había trazado, tiene que

[155]

asumir sus consecuencias. Si usted es padre de familia, usted es el sacerdote de la casa y decide ir por su propio camino, sin consultar a Dios, sus hijos y su esposa podrían pagar las consecuencias de la decisión no consultada a Dios.

Sé de hermanos que han tenido cargos importantes en la Iglesia, como Diácono, Director de la Escuela Dominical, que se han apartado del camino de Dios y como consecuencia sus hijos han caído en las drogas y aun han ido a parar a la cárcel. Todo, como consecuencia de no obedecer a Dios y dejar su camino. No es que sea el Señor entregándolos en las manos del diablo, son ellos los que se salen del camino de Dios y de su voluntad. Se salen del cerco que Dios pone a su alrededor "para que su pie no tropiece". Recuerde que usted ejerce su propia voluntad, por eso le sugiero que "vele por sus caminos".

En Proverbios, Cap. 3, verso 6 dice: *"Reconócelo en todos (no en algunos) tus caminos y él enderezará tus veredas"*. ¿Por qué es importante reconocer a Dios en todos nuestros caminos? *"Porque hay caminos que al hombre le parece derecho, pero su fin es camino de muerte"*. Proverbios, Cap. 14, verso 12.

La solución a este problema es dejar que Dios nos indique y nos guie en nuestros caminos, o mejor aún, en el camino de Él, y obedecer Su voluntad. Si Él nos envía, procurará darnos la sabiduría y las fuerzas para realizar lo que nos manda.

El camino de integridad

En proverbios, Cap. 4, verso 26, dice: *"Examina la senda de tus pies y todos tus caminos sean rectos".* En proverbios, Cap. 16, verso 17 dice: *"El camino de los rectos se aparta del mal; su vida guarda el que guarda su camino".* Puede que alguien diga que la rectitud y la integridad son virtudes que no todo el mundo posee. Sin embargo, es una demanda escritural que lo puede ver cuando lee toda la Biblia. Dios nos dice en Su Palabra: "sed santos porque Yo soy santo". (I de Pedro, Capítulo 1, verso 16). El verso anterior a ese dice que tenemos que ser: *"...santo en toda vuestra manera de vivir".* Observe usted el absoluto que se encuentra en ese versículo: *"santos en toda vuestra manera de vivir".*

He aprendido a no señalar a nadie, ya que tengo tantos defectos y he cometido tantos errores en el pasado, y por la misericordia de Dios he llegado a ser un Ministro de Su Palabra, que prefiero no señalar a nadie con el dedo porque cada vez que lo hago, un dedo señala a la persona y tres dedos me señalan a mí. Todos, de alguna manera hemos pecado de aquí y allá. Todos debemos buscar arrepentimiento. Pero, tener un estilo de vida pecaminoso y proclamar que somos cristianos, eso es otra cosa, eso es mentir, no ser honesto y engañarnos a nosotros mismos.

Una persona que salió de la cárcel le contó a un amigo, que mientras estaba en la cárcel, le predicó a muchos sobre Cristo. Él había cometido muchos actos ilícitos y fechorías. (Yo me pregunto, si alguno de sus compañeros presos en algún momento le preguntó a él por qué estaba allí). Su amigo, le dijo: *"hermano, Dios te envió a la cárcel para que le predicaras a esos reos".* Yo entiendo que Dios no lo envió a la cárcel para predicarle a nadie, fue a la cárcel por hacer negocios ilícitos, porque su camino estaba torcido. Por más que proclame ser cristiano, este hombre a mi entender, no ha sido transformado por medio de la renovación de su entendimiento. (Rom. Cap. 12, verso 2). Simplemente tiene una mente criminal. Yo no me atrevería, si fuera a la cárcel por actos ilícitos decir que soy cristiano, eso no trae ninguna gloria a Dios, que yo sepa. Es cierto que hay personas que han ido a prisión por alguna razón y Dios en su misericordia lleva a alguien que le predique la Palabra de Dios para que esa persona venga a un verdadero arrepentimiento pero, la otra persona, al decir su testimonio, no debe estar contando de lo que hizo en el pasado. Volvemos a decir: *"Dios no es responsable de la persona que elige su propio camino, y no el camino de la rectitud y de la integridad".*

El Salmista, dijo en una oración honesta, en el Salmo 139: 23: *"Examíname, oh Dios y conoce mi corazón, pruébame y conoce mis pensamientos; y ve si hay en mí, camino de perversidad y guíame en el camino eterno".* Hermano, vele sus caminos, piense antes de tomar decisiones, no elija su propio camino para que luego no sufra, déjese guiar por Dios. Le dejo con este pasaje de Isaías, Cap. 55, versos 6-9: *"Buscad a Jehová mientras pueda ser hallado, llamadle en tanto que está cercano (7) deje el impío su camino y el hombre inicuo sus pensamientos, y vuélvase a Jehová, el cual tendrá de él misericordia, y al Dios nuestro, el cual será amplio en perdonar. (8) Porque mis pensamientos no son vuestros pensamientos, ni vuestros caminos mis caminos, dijo Jehová. (9) Como son más altos los cielos que la tierra, así son mis caminos, más altos que vuestros caminos, y mis pensamientos, más que vuestros pensamientos".* Hermanos, como dicen en mi país, "más claro no canta el gallo". Deje que Dios guíe sus caminos, de todas maneras, Él sabe por dónde lo lleva a usted.

A continuación, una serie de sugerencias que le harán bien. Luego, oraré por usted:

- Dios desea tener una relación de amor con usted. por tal motivo, usted tiene que andar juntamente con Él. Si usted sigue su propia voluntad o ruta, perderá las bendiciones que Dios tiene preparadas para usted, y que no las alcanzará por su desobediencia.
- Aunque usted no es Señor de su camino, ni tampoco puede ordenar sus pasos, no obstante usted se podría descuidar del camino que Dios ha trazado para usted, recuerde, que es su decisión. elija caminar con Dios, Él sabe a dónde lo llevará.
- Piense que otros serán afectados por la ruta que usted decida tomar. Si usted es padre de familia, la responsabilidad cae sobre usted, espere por la dirección de Dios.
- Israel no conoció los caminos de Dios, y le costó cuarenta años en el desierto. Esa generación terminó allí. No atrase los procesos de Dios.
- Si el camino que lleva no le da resultados, regrese de donde vino y espere por las instrucciones de Dios. Eso es mejor que dar vueltas en el mismo desierto.
- Piense, no prepare su propia agenda, no elija su propio camino, pues hay caminos que al parecer son derechos para usted, sin embargo, pueden ser caminos hacia el fracaso.

- No olvide que Dios no tiene ninguna responsabilidad con la persona que toma decisiones sin consultarlo con Él primero.
- Por donde usted camina y frecuencia con regularidad, va a evidenciar quién es usted, y cuáles son sus prioridades.
- Camine con rectitud e integridad, piense que será bienaventurado si no camina en caminos de pecadores, ni anda en consejo de malos.
- Por último, piense que Dios está en el cielo y usted en la tierra y que sus caminos son más altos que los suyos y sus pensamientos más que los suyos.

Oremos:

Padre eterno y de toda consolación, elevo ante ti al lector que acaba de leer este capítulo. Te pido que le muestres tu camino, que lo guardes de errar en su caminar, que lo lleves de la mano para que pueda llegar al lugar que has destinado para él. En el nombre de Jesucristo el Señor te lo pido. Amén.

Evite las personas contenciosas,
Lidiar con ellos drena la mente y el
Espíritu humano.

¡Cuidado! Vele por estas cosas y le irá bien.

"El que anda con sabios, será sabio; mas el que se junta con necios será quebrantado".
Proverbios, Cap. 13:20

"Apártese de personas que subestimen sus sueños y ambiciones; ellos no entienden ni creen en tu visión."

Víctor M. Santiago

Capítulo VII

Vele con quién anda

Cuando prediqué este sermón en mi Iglesia fue como un despertar, fue como abrir los ojos a una realidad la cual estaba alrededor de todos Por esta razón deseaba ansiosamente escribir este capítulo. Al preguntarles a los miembros de la Iglesia sobre el tema de las personas que componen nuestro entorno de amistades, casi nadie, se había preocupado por meditar sobre este tema. Tampoco nos preocupamos por meditar en la clase de personas que atraemos con regularidad a nuestra vida. Efectivamente, usted y yo, sin darnos cuenta, atraemos personas a nuestro lado. Otros, sencillamente llegan sin ser buscados algunos, son enviados por Dios, ya sea para bendecir nuestras vidas, para corregir ciertas áreas de nosotros o para dejarnos ver quiénes somos verdaderamente. Si es Dios, Él lo hace para su beneficio, para su crecimiento, para subirlo del nivel que usted está, para llevarlo a un lugar mejor.

Cuando alguien llega a su vida, lo primero que usted debe preguntarse es: ¿quién me envió esa persona, cuál será el propósito? Usted no sabrá por cuánto tiempo debe esa persona estar en su vida. Sin embargo, debe tomar en consideración que esa persona puede venir a su vida por un momento dado, o por periodo extenso.

En una ocasión, estaba tomándome un café en una conocida librería me levanté de la mesa para ordenar mi segunda taza de café ya que estaba trabajando en un proyecto hacía varias horas. En ese momento, una señora se me acerca para preguntarme si yo era puertorriqueño, le contesté que sí, que lo era. Su segunda pregunta fue: ¿es usted un predicador o algo así? Le contesté que sí. Esta persona me siguió hasta la mesa y continuó hablando conmigo. Noté que no se iba de mi lado, y pensé: "ok, esta señora todavía está aquí y le pregunté al Señor: ¿qué pasará con esta Dama? Por algo la trajiste a mí". Ella buscaba respuesta a una inquietud, la señora quería que Dios le confirmara lo que había en su corazón hacer. Entendí de inmediato que ella tenía una necesidad, así que le dije lo que por experiencia y por la unción del Espíritu Santo creía que era lo correcto. La decisión era de ella, sólo necesitaba una confirmación de algo que ella deseaba hacer. Dios me dio las palabras para esta mujer. Ella se fue contenta y jamás la he vuelto a ver. Dios trajo a esa dama a mi vida por un momento, para su beneficio y nada más.

Cuando una persona llega a su vida y usted nota que hay un propósito en ello, lo primero que usted debe hacer es usar el discernimiento y repito, hágase las siguientes preguntas: *¿Cuál es el propósito de esta persona? ¿Qué la trae a mi vida? ¿Es Dios para* *bendecir mi vida o para que la persona sea bendecida a través de mí? ¿La envía el maligno para mi destrucción?* Las personas que vienen a usted con intensiones ulteriores, por lo general, son enviadas por el mismo infierno para su completa destrucción. Sea lo bastante observador posible para discernir quién llega a su vida y con cuál propósito.

La otra pregunta que usted debe hacerse es: *¿es mi personalidad, mis características lo que le atrae a esa persona? ¿Son los dones del Espíritu Santo que Dios ha depositado en mí lo que hace que cierta clase de personas llegue a mi vida?* Por ejemplo: Si usted es un Ministro que opera con los dones de discernimiento, sanidad divina, liberación o profecía, usted atraerá a las personas que necesitan de los dones que operan en usted para recibir sanidad, liberación o para recibir una palabra de parte de Dios a través de usted.

Esas personas que el Señor trae a nuestra vida por un momento, en el intervalo de un día, a los cuales se debe prestar atención. Lo vimos en el caso de Jesús y la mujer samaritana, con Zaqueo, y otros. Algunas personas llegan a usted o usted llega a la vida de una persona en una situación específica, con un propósito específico el cual puede durar unos minutos o un período de tiempo. Su trabajo es descubrir el propósito por lo cual Dios lo(a) puso en su camino. **Piense que "no importa quién venga a su vida o a qué viene, su pensamiento predominante debe ser, que usted va a ser de bendición para esa persona".** Es tomar la actitud del Señor Jesucristo: "el Hijo del Hombre que vino, no para ser servido, sino para servir..." Mateo, Cap. 20, verso 28ª.

Les explicaba a los hermanos de la Iglesia a la cual pastoreaba, que prestaran atención cuando alguien nuevo llegara a sus vidas.

Uno de los errores más grandes que cometemos es pensar que será una amistad para toda la vida, sólo porque esa persona nos hace sentir bien, o porque hay compatibilidad. Se parecen en muchas cosas, concuerdan en sus opiniones, seguramente tienen la misma línea de ideología política, tal vez van a la Iglesia de la misma denominación, etc. Son felices por unos meses, luego las cosas comienzan a cambiar. El trato es un poco diferente, ahora el tiempo es más limitado, la otra persona aparentemente busca excusas para evadirlo. Ya no puede pasar más tiempo con la otra persona y es ahí donde vienen las fricciones. *Uno puede pensar: "creía que eras sincero conmigo pero no me dices porqué ya no deseas pasar más tiempo conmigo; apenas me llamas por teléfono".*

Esto puede ocasionar que el amigo entre en crisis. El otro, realmente no tiene una respuesta apropiada o satisfactoria para su amigo. ¿Sabe por qué? Porque ninguno de los dos se dio cuenta que esa amistad era sólo por un tiempo o por una temporada. En ese tiempo que estuvieron juntos, la persona debió aprender algo de la otra, o debió haber contribuido en algo con la otra persona.

He podido darme cuenta que cuando esto pasa, es Dios enseñándole a la otra persona cómo debe ser su relación con los demás o cómo debe tratar a otros. Dios le trajo una persona para usarlo como ejemplo para que él o ella pudieran aprender a cómo proceder con las personas o con sus nuevos y antiguas amistades. Voy aún más lejos, aunque usted no lo crea, esto también puede suceder con las relaciones amorosas. Casi siempre uno de los dos es más inteligente, más brillante, o más segura, o más leal que la otra. En esta etapa una amistad se

Convierte en codependencia, y la persona no puede funcionar sin la otra persona. Esto no es saludable emocionalmente ni espiritualmente.

El acoso puede llegar al extremo que una de las dos partes puede decir: *"No puedo más, renuncio a esta amistad o este noviazgo"*. Puede que alguna persona piense: *"¿cómo es posible si eran tan bonita pareja no llegaron a nada?* " Lo que la persona no sabe que en la relación, la parte más débil estaba en entrenamiento sobre cómo tratar a la persona con quien realmente pasará el resto de la vida. Por lo general, es el hombre el que recibe el adiestramiento, mientras ella le enseña o lo adiestra para que aprenda a cómo se debe tratar a una mujer. En este caso, cuando una de las partes se considera "atrapada" es importante darle libertad, darle su espacio. Si es para usted, regresará.

Dios NO le enviará a usted una persona para que usted se aproveche de ella o de él. Más bien es para que usted tenga un aprendizaje. Por supuesto están los que se aprovechan del otro sin contribuir en la amistad o en la relación amorosa al bienestar de la otra persona.

Dime con quién andas....

¿Ha notado que las personas que tienen dinero, influencias, títulos o algún negocio grande, generalmente están rodeados de muchas personas? ¿Ha notado cómo estas personas "privilegiadas" son selectivas en aceptar y escoger a sus amistades? Aparentan ser muy amigables, pero en realidad, son amigos de pocos. Ellos cuidan su territorio. Ese territorio puede ser su reputación, influencia en la comunidad, familia, posición social o sus negocios. Ellos tienen bien claro que quién los frecuentan podrían revelar su carácter o personalidad, o peor aún, podrían ser influenciados por ellos y afectar de esta manera su territorio el viejo dicho que dice: *"dime con quién andas y te diré quién eres"* encierra una gran verdad. Si usted anda frecuentemente con una persona va a influenciar sobre usted algo negativo o positivo, especialmente si usted tiene una mente débil y no tiene cuidado al ser selectivo con las personas o amistades.

En Proverbios, Cap. 13, verso 20 dice: *"El que anda con sabios, sabio será; mas el que se junta con necios, será quebrantado".* Ya sea sabio o sea necio, si usted camina con cualquiera de los dos recibirá de esa persona su sabiduría o su necedad. Cualquiera que fuera el comportamiento de una persona, si es rebelde, chismoso, mentiroso, orgulloso, contencioso, adúltero, ladrón, entre otras cosas, así será usted influenciado. Por el contrario, si la persona que escoge para estar a su lado como amigo es buena, amable, sincera, cordial, espiritual, honesta, íntegra, verdadera, entre otros, así también lo influenciará en usted además, si las personas que lo ven a usted caminando continuamente con una persona de dudosa reputación, así lo juzgarán a usted.

Sea lo que sea esa persona con quien usted anda va a influenciarlo a usted. Al igual que las personas que se cuidan con quien andan, usted no debería hacer amistad con persona de dudosa reputación, y más aún si usted es cristiano. Conocí un Pastor, cuyo hermano no era muy inteligente escogiendo amistades y socios en los negocios. Pasó diez años en la cárcel Federal por tener un socio quien tenía un negocio con venta de narcóticos ilegales, a éste lo estaban investigando y cuando hicieron

Una investigación y teniendo toda la evidencia para arrestar y enjuiciar a este hombre, el hermano de mi amigo Pastor calló también en la investigación... siendo completamente inocente de los pasos que llevaba su socio en otros negocios, y por estar asociado a un vendedor de drogas paró en la cárcel, el cual fue su nuevo hogar por diez años, por no velar con quién andaba y hacía negocios.

En Proverbios, Cap. 10, verso 9 dice: *"El que camina con integridad, anda confiado; mas el que pervierte sus caminos será quebrantado"*. Y yo añado: "Y todo aquel que ande con él, también". No es suficiente caminar con integridad, además debemos caminar en el Espíritu, ya que somos cristianos. El apóstol Pablo sugiere, en romanos, Cap. 8, verso 1, de andar, no en la carne, pero en el Espíritu, para no estar en la condenación de nadie. En Efesios, Cap. 5, el mismo apóstol Pablo también nos sugiere este otro consejo: *"Mirad, pues con diligencia como andéis, andando como es digno del Señor"*. Las personas con las cual usted anda, debe andar también como es digno del Señor. Por eso es muy importante velar con quién andamos. Piense que es usted quien elige sus amistades.

En Amós, Cap. 3, verso 3 dice: *"¿Andarán dos juntos sino estuvieran de acuerdo?"* cuando usted camina con cierta frecuencia con la misma persona, usted, de alguna manera está de acuerdo con esa persona. Usted debe tomar en consideración que deseamos agradar a Dios y debemos caminar con personas que tengan los mismos intereses de Dios. El mismo Capítulo 5, de Efesios nos dice: *'Sed pues, imitadores de Dios como hijos amados y andar en amor, como también Cristo nos amó"*. Cuando usted toma el consejo de la Palabra de Dios, el beneficio es para usted.

Piense en la importancia que tiene el elegir sus amistades y velar por las personas que andan a su lado, con quién hace pactos o negocios y aún con quién se reúne para orar. Hay personas que toman como pretexto reunirse para orar y lo que hacen es escuchar las peticiones que se hacen para luego ir a comentarlas, o se reúnen para hablar de tal o cual hermano. Si usted visita un círculo de oración y se percata que esa es la dinámica de dicha reunión, salga de ahí, aunque tenga que ir a orar solo a su casa o al Templo. Como dice el dicho: "mejor es estar solo que mal acompañado".

Usted puede quedar ligado moral, social y espiritualmente, que es peor aún, con personas o grupos que podrían ser de bendición o de mal influencia para usted. En Eclesiastés, Cap.4, verso 12b dice: *"... y cordón de tres dobleces no se rompe pronto"*. Podríamos decir "no se rompe fácil. Asegúrese que a quién se una sea una persona de integridad y que camine en las cosas de Dios, que sea espiritual, que no le dañe a usted. El verso 9, del mismo Cap. 4, de Eclesiastés dice: *"Mejor es son dos que uno; porque si uno cae, el otro lo levantará"*. Esto es, que lo levante físicamente si se cayó, pero también se refiere a levantarlo espiritualmente si ha caído o se siente débil y quiera sucumbir al pecado.

La asociación correcta es bien trazada en toda la Biblia. En la antigüedad, los reyes hacían pactos con otros reyes enemigos. Algunos hacían alianzas que no tenían la aprobación de Dios. Un ejemplo de esto es Josafat, que hizo lo recto delante de Dios, casi pierde la vida en una batalla en contra del rey de Siria, por hacer alianza con Acab, el cual era un rey que había hecho lo malo ante los ojos de Dios, más que todos los reyes que reinaban antes que él, I de Reyes, Cap. 16, verso 30.

Dios sabe las fuerzas o el poder que hay en la unión de dos personas, aun en la oración. En Mateo, Cap. 18, verso 19 dice: *"otra vez os digo, que si dos de vosotros se pusieren de acuerdo en la tierra acerca de cualquier cosa que pidieran les será hecho por mi Padre que está en los cielos".* Hay poder cuando dos personas se unen para orar por algo. Dios ve esa unidad. Cuando el Señor Jesús envió a los discípulos a predicar los envió de dos en dos; pero es menester que la otra persona esté en un mismo sentir con usted. De lo contrario, le pasará lo que a mí y a otros les ha pasado.

En Proverbios, Cap. 23, verso 7-8 dice: *"Porque cuál es su pensamiento en su corazón, tal es él. Come y bebe, te dirá; mas su corazón no está contigo. Vomitarás la parte que comiste y perderás tus suaves palabras..."* esto es una realidad que tristemente he aprendido en los últimos años de mi vida. Con mis llamados amigos cercanos que supuestamente me aprecian y me aman. Les advertí a los miembros de la Iglesia que luego de que ellos escucharan el mensaje de "vele con quién anda" ellos iban a reducir su círculo de amistades a un 50% y se darían cuenta de por qué las personas con ciertas influencias no caminan con ellos.

Asistía con cierta regularidad a la casa de un "amigo Pastor". Él me invitaba a cenar a su casa con frecuencia. Pero, luego me percaté de que él no hablaba bien de mí, a él se le olvidó: *"que las aves del cielo llevan la voz; y las que tienen alas hacen saber las palabras".* Eclesiastés, Cap. 10, verso 20. Efectivamente esas aves llegaron a mi nido, en varias ocasiones y me dejaron saber lo que él decía. ¡Oh! ese amigo me decía que me apreciaba mucho, y que me amaba. ¡Qué ironía!

Conozco un hermano que me visitaba en la oficina y admiraba mi biblioteca la cual tiene bastantes libros. Este hermano le gustaba hablar conmigo. Hablamos de los libros que cada cual leía. Él me elogiaba por mi conocimiento y mis predicaciones que vio en videos, lo cual he logrado gracias a la misericordia de Dios. Me hacía demasiados elogios. Trataba de hacerme sentir más grande o más importante de lo que en realidad soy. Pero, este hermano nunca ha estado en ninguno de los Servicios de la Iglesia, aun invitándole personalmente. Le contaba cómo se siente la presencia de Dios, le hablaba de los gloriosos servicios que teníamos, para la gloria de Dios. *"Dios está aquí con nosotros, le decía a él"*. Aun contándole estas cosas, nunca se apareció por la Iglesia. Tantas palabras de alago hacia mi persona, pero sus palabras nunca fueron acompañadas de acciones. Era de esas personas a las cuales se les llama "aduladores", son personas de palabras huecas, sin peso o sustancia para mí. No sé si él se preguntará por qué ya no lo busco más. ¿Lo haría usted?

Le puedo contar de otra persona que conozco que su "dios" es el dinero que vez tras vez mostró lo que era. Una de las tantas razones por la cual Dios permite las circunstancias difíciles es para que conozcamos quiénes son verdaderamente nuestros amigos. El motivo de darle estos ejemplos es para que usted tenga cuidado al escoger sus amistades y si usted ve alguna similitud de lo que aquí es narrado con alguna persona que usted conoce, pueda tener cuidado.

A continuación, unas sugerencias para que usted vele con quién anda:

- Cerciórese de que la persona con quien anda es sincera y no está con usted para sacarle provecho. Piense que Dios dio a su Hijo unigénito para salvarnos, sin pedir nada a cambio.
- No le preste atención a las personas aduladoras o que muestran celos cuando usted tiene un logro que celebrar.
- Sea vigilante, si una persona no sabe tratar con respeto a los que le sirven en un restaurante o negocio público, generalmente no le va a respetar a usted.
- Procure estar con personas que le ayudan a estar de buen ánimo y le apoyan cuando usted está en una necesidad.
- Procure que la persona con quien usted anda tenga los mismos intereses (o parecidos) y que admiren a personas cristianas, no a síquicos u otras personas que no le sirven al Señor.

Cuidado con sus conversaciones

Hay veces que tenemos situaciones las cuales deseamos compartir con alguien para desahogarnos y liberar el estrés. Pero es importante que usted no confíe sus secretos a cualquier persona. Puede que luego esa persona crea o asuma que tiene autoridad sobre usted. Si usted habla con alguien que le dice: "Yo sé muchas cosas sobre tal persona" no la escuche ni le confíe sus intimidades. De igual forma que le cuenta a usted las intimidades de otra persona, así mismo hará con las confesiones suyas.

Mientras menos información usted dé sobre su vida personal a otras personas menos control va a tener sobre usted. Si siente y tiene urgencia de hablar con alguna persona sobre alguna situación personal, lo ideal es que usted valla a su Pastor o consejero, advirtiéndole que lo que le está diciendo es una intimidad que usted no desea que sea divulgada. Hay veces que las personas a quien le confiamos intimidades las repite a otras porque usted no ha advertido que no desea que comparta su información con otros.

Conozco el caso de una dama que tenía una amistad con otra dama. La amistad se convirtió en una verdadera obsesión, en una pesadilla. La persona la tenía controlada aun con su tiempo. El matrimonio de esta dama se vio afectado al punto que se divorciaron por causa de la persona que la quería controlar en todo. ¿Saben por qué era el control? Porque la otra persona Sabia muchas intimidades e información sobre esa dama, hay veces que cuando somos débiles y tenemos una autoestima baja tendemos a unirnos a personas de carácter fuerte y controladoras. El problema de esto es que se llega a convertir en una Co-dependencia emocional y esto afecta todo el entorno de la persona débil. El problema de la autoestima baja y la codependencia se puede corregir en consejería con una persona que esté capacitada para dar consejería psicológica. Salga de las ataduras, no permita que nadie controle su vida, salga de esas amistades controladoras, sólo Dios puede controlar su vida.

Lo primero que usted debe conocer de la persona que se le acerca a usted o llega a su vida es conocer su corazón; antes de saber dónde trabaja o cualquier otra información. Cómo ya he citado antes: Lucas Cap. 6, verso 45: *"De la abundancia del corazón habla la boca"*. La boca y el

Corazón de una persona van a evidenciar quién realmente es. Usted tiene que ser bien selectivo al elegir sus amistades, las personas con quién comparte frecuentemente y a quién selecciona para ser parte de su círculo de amistades. Aprenda a discernir el comportamiento de las personas antes de hacerlos parte de su vida.

¿Sabía que la persona que usted tiene a su lado podría sabotear las bendiciones que Dios tiene para usted? En una ocasión recibí una llamada de una persona de otra ciudad, lejos de donde resido. Le pregunté cómo estaba todo por la ciudad en la cual él residía, ¿cómo estaba la Iglesia? Lamentablemente me informó que el Pastor de la Iglesia a la cual él asistía estaba trabajando en un supermercado y había perdido el pastorado. Me informó que el Pastor había recibido a unos supuestos inversionistas cristianos, lo involucraron en dichas inversiones ya que era el momento preciso para invertir. Él pensó que sería beneficioso para la Iglesia y para los hermanos que desearan invertir.

Lamentablemente fue un engaño. Le robaron miles de dólares a la Iglesia y el Concilio le pidió la renuncia a dicho Pastor. Fue para mí una gran sorpresa. Uno de los Pastores de más integridad y decente que yo he conocido. Él pensó que con su inversión multiplicaría el dinero de la Iglesia, pero, sin saberlo se asoció con las personas equivocadas. Todo era una estafa, y él no se percató. Todo, por no velar con quien andaba. En un caso como ese, lo primero que debió preguntarse es: ¿cómo es que tan fácilmente voy a multiplicar mi inversión? Si usted no conoce de inversiones, consulte a personas expertas en la materia y reúnanse, con los inversionistas que en saben invertir. Es mi oración que Dios le haga justicia al pastor y la iglesia, por estos individuos que les engañaron.

Amado amigo, vele con quien anda, no permita que le saboteen la bendición que es para usted. Cuando alguien nuevo llegue a su vida, observe lo que sucede a su alrededor, ore a Dios y pregúntele al Señor respecto a esa persona. Verifique a través de la oración y de la sabiduría que Dios nos da para ver si es enviado de Dios o de Satanás. No crea todo lo que le dicen, tampoco se deje llevar por lo que ve de ellos. Busque referencias anteriores sobre esa persona. Recuerde el dicho que dice; *"No todo lo que brilla es oro".* El Espíritu Santo le revelará lo que hay en el corazón de esa persona y sus intenciones. No olvide lo que he estado repitiendo a través del libro: "Dios no tiene ninguna responsabilidad con las personas que toman decisiones sin consultar primero a Dios". Si usted hace un pacto o tiene asociaciones con negociantes, recuerde que Dios todo lo sabe, consulte a Dios. Vele con quién anda y vele con quien habla, recuerde, usted puede ser íntegro pero la persona con quien anda puede que no lo sea.

A continuación una lista de las personas con las cuales usted debería evitar andar.

- Evite tratar con personas que le quieran manipular, ya sea con palabras, regalos, dinero o invitaciones a cenar, si usted ve que tiene doble propósito.
- Cerciórese de que la persona con quien anda es sincera y no está con usted para sacarle provecho, recuerde que, Dios dio a Su Hijo unigénito para salvarnos, sin pedir nada a cambio.

- No le preste atención a las personas aduladoras y que muestran celos cuando usted tiene un logro que celebrar.
- Sea vigilante, si una persona no sabe tratar con respeto a los que le sirven en un restaurante o negocio público, generalmente no le va a respetar a usted.
- Procura estar con personas que le ayudan a estar de buen ánimo y le apoyan cuando usted está en una necesidad.
- Procure que la persona con quien usted anda tenga los mismos intereses o parecidos y que admiren a personas cristianas, no a síquicos u otras personas que no le sirven al Señor.
- Procure no prestar atención ni andar con personas que le hablan mal de otro, pues de la misma manera hablarán de usted a otros.
- Esté atento para que pueda percatarse si la persona que lo está abordando respeta la autoridad, si se respetan a ellos mismos. vigile si esta persona habla mal de sus superiores y no honran a los que están sobre ellos.
- Procure no andar con personas que destruyan su autoestima.
- Evite las personas contenciosas, estar con ellos drena la mente y el espíritu humano.
- Procure tratar con personas que tienen temor de Dios. evite los que le buscan falta a todo y culpan a los demás por sus fracasos.
- Si la persona que está a su lado necesita corrección, trate de corregirlo con amor. Proverbios nos dice que el sabio recibe la corrección y el necio la desprecia.
- Procure tener amigos que disfrutan de la compañía de los hermanos de la Iglesia. Evite a los que le da lo mismo estar en

una cantina o estar en la Iglesia, no los haga sus amigos. hágase amigo de los que obedecen las leyes espirituales y las terrenales.

- Evite las personas que forman un conflicto de cualquier sencillez, que critican, que le roban la paz y crean una atmósfera indeseable para usted.

Usted dirá, y ¿Con quién voy a salir y a quién voy a aceptar como amigo? A la medida que usted vaya tratando a esa persona se irá percatando de cómo es, cuál es su bagaje. Piense que usted puede tener conocidos y puede tener amigos. En el círculo de sus amistades no entra todo el mundo. Tal vez usted pueda tener muchos conocidos y pocos amigos.

Pasé por la experiencia de acompañar a una persona que iba a visitar a otra, y me invitó a que fuera con él. Fuimos temprano en la mañana a hacer la visita. Este hombre llevaba un maletín lleno de cocaína que su hijo les había robado a unos mafiosos. **Yo ignoraba todo este asunto.** En el lugar había otras personas con armas de fuego, estuve frente a esos matones sin saber absolutamente nada del por qué estábamos en ese lugar. Todo por yo ignorar a quién estaba acompañando. Por eso es tan importante saber con quién te montas en un auto y hacia dónde te diriges. A esta persona que me invitó no le interesó decirme nada, ni tampoco si yo tenía familia. No le importó saber que soy un ministro de la Palabra de Dios. No pensó que la policía nos pudo haber detenido, o peor aún, que yo perdiera la vida y morir dando un mal testimonio. Personas caen presos y hasta pierden la vida por estar en el lugar equivocado y a la hora equivocada. Finalmente le digo, si usted no desea andar solo, y desea andar con alguien, ande con Dios porque en Él se puede confiar.

Oremos:

Padre bueno, te doy gracias por el lector que acaba de leer este capítulo. Te pido que le des discernimiento para saber reconocer que cuando alguien viene a su vida es por un tiempo, ya sea corto o por un momento determinado. Permítele ver las intenciones de las personas que se le acercan. Guarda su vida y ayúdala a caminar en el Espíritu. Permite que pueda tener un camino de integridad. Lo pido en el nombre del Señor Jesucristo. Amén.

"Te has enlazado con las palabras de tu boca y has quedado preso en los dichos de tus labios."
Proverbios cap. 6: verso 2

"Cuidado al hablar y/o asociarte con personas de influencia y opinión fuerte. Podrían cambiar tu enfoque."

Víctor M. Santiago

Capítulo VIII

Vele con quién habla

Este último capítulo del libro, en realidad es una secuencia del capítulo anterior con un énfasis diferente. Usted pensará: "velar con quién andas es más o menos lo mismo que velar con quién hablas". No necesariamente. muchas personas mantienen conversaciones aún con extraños o desconocidos a través de las redes sociales.

En el capítulo anterior tocamos el tema de que con quien compartimos con regularidad va a influenciar su carácter sus hábitos y costumbres sobre nosotros. El tipo de personas que usted trae a su círculo de amistades o conocidos puede revelar cosas de usted.

¿Por qué tengo que velar con quién hablo?

Desde el momento en que usted viene a los pies del Señor Jesucristo, usted lo hace a Él su Señor. Él le dará una vida con propósitos y metas. No le dejará inerte, le dará unas tareas que durará por toda su vida, hasta que se encuentre con Él en el reino de los cielos.

Su responsabilidad es descubrir qué es lo que Dios desea con usted para el resto de su vida. El diablo hará todo lo posible para que usted no haga la voluntad de Dios. **Si los problemas y necesidades no lo detienen a usted, el maligno traerá alguna piedra de tropiezo para destruir los planes de Dios.** Es por eso que debemos tener cuidado con quién hablamos a diario. La persona que es enviada por el mismo infierno, va a influenciar sobre usted, sus decisiones y sobre sus metas. Y es posible que lo desenfoque de los planes que Dios tiene para usted.

Usted pensará que Satanás va a venir a hablarle mal de los planes que Dios tiene para usted; no necesariamente. Puede que le deje ver que esos planes son una buena idea, pero puede que él le dé un enfoque diferente a lo que usted va a hacer. De esta manera logrará que usted se desenfoque y se desilusione por completo de los planes de Dios. No necesariamente hay que hacer unos cambios drásticos en los planes que tenemos, con tan sólo mover un poco a la izquierda o a la derecha es suficiente para sacarlo a usted del propósito de Dios. Es como si usted trazara dos líneas paralelas en un papel y desviara una, tan solo un poco cuando llegue al final de la hoja de papel verá como una se separa de la otra. Una sigue el rumbo vertical, y la otra se separa, va por otro rumbo. Esas dos líneas nunca irán a la par.

Le daré otro ejemplo más claro. Ha notado usted que las personas que están en negocios de multiniveles siempre le dicen a usted: *"este sí es un gran negocio el cual nos hará ricos, déjame hablarte al respecto"*.

Lo interesante es que esas mismas palabras las dijo de los últimos cinco negocios de multiniveles.

El diablo ha traído esta forma de pensar, aún en algunas Iglesias para "sacar", supuestamente, de la pobreza a los cristianos. En realidad, lo que han hecho es sacarlos de las Iglesias debido a los problemas que han creado con los multiniveles. Algunos Pastores han tenido que fungir como árbitros por los conflictos que se crea entre ellos (los hermanos) porque el que trajo "el gran negocio" no pudo llevar a cabo lo que prometió. Estas personas les piden a los hermanos que inviertan dinero, para luego darse cuenta que después de todo, es una pérdida de tiempo y esfuerzo. Como consecuencia, los fondos de la Iglesia y los Pastores pagan las consecuencias de estos "grandes visionarios" que les dicen a las personas que serán millonarios.

Si las personas supieran que los negocios de multiniveles NO son acerca del producto, es en realidad acerca de un sistema que requiere seguimiento. Dos elementos son necesarios para el éxito: primero, alguien que cree el sistema, y segundo, que le crean al que lo está presentando.

Usted puede vender hasta piedras si tiene un sistema, eso es todo. Se lo dice un vendedor de muchos años. Estos negocios de multiniveles acaparan o abarcan tanto tiempo que algunas personas se involucran en ellos porque quieren hacerse ricos en poco tiempo. Las estadísticas muestran que menos de un cinco por ciento son los que lo logran. Usted escucha que fulano de tal "llegó a diamante", el otro llego a "rubí". Ellos mencionan dos o tres personas que lo logran, pero no dicen de los miles y miles que batallan para llegar a esa posición.

Muchos se abandonan en esos negocios. Su enfoque no es más que llegar a hacer un "diamante "u otra cosa, todo por hacer tesoros en la tierra. Pero la insistencia de sus líderes es tal, que usted se ve en la disyuntiva o encrucijada de dedicar más tiempo a su negocio de multiniveles que a los negocios de su Padre Celestial.

Nota aclaratoria: **Deseo hacer una aclaración aquí, y continúo con mi pensamiento. Yo no estoy diciendo que los negocios de multiniveles sean diabólicos o malos y engañosos. Lo que deseo establecer es que estos negocios tienen o pueden tener un enfoque que no necesariamente es el enfoque suyo, y en particular de Dios. Si a usted le agradan esos negocios y fue llamado para eso, continúe en ellos, solo asegúrese que no tenga conflictos con la visión que Dios tiene para usted, eso es todo.**

Los predicadores sufrimos mucho en el área económica y somos bombardeados por estas personas que vienen supuestamente a ayudarnos en el ministerio con los negocios de multiniveles. Conozco Pastores que han caído en esa trampa. Ellos pierden la visión que Dios les dio para adoptar la de estos negocios. Luego, usan la Palabra de Dios para justificarse, hasta cambian el mensaje de Dios. **Ya no ven a los hermanos como ovejas, los ven como futuros prospectos que lo ayudarán a subir de nivel en el negocio. No se dan cuenta que su enfoque está siendo cambiado de una forma sutil. Su visión, al final de cuentas, es totalmente diferente a la que una vez tuvieron. La visión de Dios para ellos quedó opacada, nublada por el enfoque nuevo.**

¿Sabe usted cuántas personas me buscan para que yo entre en sus negocios de multiniveles? desean que deje de hablar de Cristo para hablar de esos negocios "que es lo último de la moda de ese tipo de negocios". Son tan atrevidos que me dicen: "usted puede incluir a toda la Iglesia para que los hermanos se beneficien". ¡Qué ridiculez!

A través de los años, los he visto en las Iglesias. Desean convertir el lugar de adoración en el lugar de reunión de negocios. Van a la Iglesia, no porque aman a Dios, van a la Iglesia a buscar prospectos. Ellos han venido a mi Iglesia y los he visto hablar con los hermanos luego de salir del Servicio donde la presencia de Dios se ha sentido con poder, donde hubo sanidad, palabra de ciencia, que hubo liberación y testimonios de lo que Dios ha hecho a su favor. Pero, cuando salen de la Iglesia, lo que yo pienso es que en el estacionamiento están hablando del Servicio de esa noche, pero lo que en realidad están haciendo es hablando del dichoso negocio de multiniveles. Se les olvidó lo que Dios hizo veinte minutos atrás. El Espíritu Santo, Dios y Jesucristo están fuera de la ecuación. Dios no es mencionado en toda esa conversación. No hay nada espiritual en lo que hablan. Sólo hablan del fabuloso negocio. Hoy día, ninguno de ellos viene a mi Iglesia. ¡Qué triste!

Exhorto a los cristianos y a todo aquél que desea un ministerio que "no se deje desviar, desenfocar de los planes y la visión que Dios puso en su corazón". Tal vez usted dirá: "Sí hermano pero el ministerio y la Iglesia corren con dinero". Eso es cierto, pero si Dios le dio una visión, Él le dará provisión. Dios le suplirá todo lo que necesite. Usted es responsabilidad del Señor, crea firmemente que Él proveerá. Usted no debe tener compromisos con ningún sistema de negocios de multiniveles, ellos no son su "Jehová-Jireh". No se desenfoque.

Al hablar con alguno de ellos me han puesto ejemplos de personas que han ganado diez mil dólares al mes, pero cuando les pregunto a ellos cuánto ellos hacen al mes no me dan una contestación definida, o por lo menos satisfactoria. Al último que me habló de su fabuloso negocio le pedí que por lo menos me mostrara un cheque de los que había recibido, él no lo hizo, ni siquiera me pudo decir cuánto se ganaba al mes. Yo entiendo que si usted desea ganar prospectos para su negocio, por lo menos debe tener alguna evidencia, de otra manera es pura especulación. (Supe que esa persona regresó a su antiguo trabajo.)

Sé de un Pastor que dejó el santo llamamiento del pastorado por entrar en uno de esos negocios. Me enteré que la única razón por la cual había abandonado las ovejas del redil fue por querer ser millonario.

Otro ejemplo que deseo compartir con ustedes con el propósito de recalcar el tema del que estamos desarrollando: "cuidado con quien habla" es el de un matrimonio conocido mío. Ellos tenían un tremendo ministerio de niños. Ambos eran súper talentosos trabajando con los niños. Eran admirados y queridos por todos los hermanos de la Iglesia. Fueron influenciados por una persona que les habló del negocio de multiniveles bien conocido en mi país, Puerto Rico. Les dijeron que podían hacerse ricos y que eventualmente podrían dejar sus trabajos para dedicarse al ministerio pues el negocio de multiniveles se encargaría de las finanzas y podrían ayudar a la Iglesia. Hasta ahora, eso suena noble y bien bonito. **Esa es la técnica que ellos usan siempre "para ayudar "a los ministerios, pero, ¡eso es una trampa!**

A esta pareja les pareció muy atractivo lo que les estaban ofreciendo y entraron en el fabuloso negocio. Les llenaron la cabeza de conceptos positivos, con ideas de superación, de lo cual no hay nada de malo en ello. El problema consistió en que ambos tenían que asistir a las reuniones sin faltar, tenían que buscar otras personas que se unieran y debían ser ejemplos para sus seguidores. Esas reuniones tenían el mismo horario de los Servicios de la Iglesia. Ellos debían tomar una decisión, o seguían en el precioso ministerio que tenían o debían dejarlo para ir en busca de su sueño de tener dinero y ser millonarios. ¡Usted lo imaginó bien! **Dejaron el ministerio, y se desenfocaron de la visión que Dios les había dado.** ¿Cuál fue el resultado? Abandonaron el camino del Señor y terminaron divorciados y sin dinero. Ella llevaba un tipo de vida con muchas libertades y él terminó trabajando en un club nocturno. **El don que Dios le había dado para la Iglesia el cual era de bendición para los niños terminó usándolo para entretener a las personas impías.** ¡Qué pena! Otra vez Dios quedó fuera de la ecuación.

Mi recomendación para los que anhelan obispado es que no ignoren las artimañas del enemigo, pues **él traerá a su círculo de amistades a alguna persona de fuerte influencia para desenfocarlo de los planes de Dios.** Por lo general, es alguien que usualmente admiramos o que respetamos su posición de autoridad. Lo que hará es que entremos en desobediencia a los planes de Dios para luego fracasar. Por eso les digo, vele con quién habla. **Otra vez repito, discierna el corazón de las personas nuevas que llega a su vida antes de querer saber cuáles son sus actividades. tenga cuidado con lo que esa persona planifica hacer y lo que tiene guardado en su corazón.**

El varón de Dios y el viejo profeta

En 1ra de Reyes, Cap. 13, versos de 1-26, hay una historia que trae luz a lo que estoy diciendo. Se trata de un varón de Dios que fue enviado por el Señor para traer una profecía al rey Jeroboam. Tras la profecía hubo una señal la cual se cumplió ese mismo día, como evidencia de que la palabra profética venía de parte de Dios. Al ver el rey Jeroboam que tanto la profecía como el profeta eran verdaderos quiso invitar al varón de Dios a su casa. El verso 7, del mismo Capítulo dice: *"ven conmigo a casa, y comerás, y yo te daré un presente".* La respuesta del varón de Dios al rey fue, (verso 8): *"aunque me dieras la mitad de tu casa, no iría contigo, ni comería pan, ni bebería agua en este lugar".* Verso 9: *"porque así me está ordenado por palabra de Jehová diciendo: no comas pan ni bebas agua, ni regreses por el camino que fueres".*

Esa fue la instrucción de Dios para el varón que acababa de dar la profecía, la cual obedeció en parte, pues en el verso 10 dice que se regresó por otro camino. Pero, en Betel vivía un viejo profeta el cual se enteró de todo lo que había sucedido con el varón de Dios y el rey Jeroboam. Este quiso conocer al varón de Dios, así que decidió de inmediato montarse en un asno para alcanzar al varón de Dios. Él lo encuentra sentado debajo de una encina... he aquí el relato. Verso 14: *"Y yendo tras el varón de Dios, le halló sentado debajo de una encina, y le dijo: ¿eres tú el varón de Dios que vino de Judá? Él dijo: Yo soy.*

(15)*Entonces le dijo: ven conmigo a casa y come pan. (16) mas él respondió: No podré volver contigo, ni iré contigo ni tampoco comeré pan ni beberé agua contigo en este lugar. (17) Porque por palabra de Dios me ha sido dicho: No comas pan ni bebas agua allí, ni regreses por el camino por donde fueres. (18) Y el otro le dijo mintiéndole: Yo también soy profeta como tú, y un ángel me ha hablado por la palabra de Jehová diciendo: Tráele contigo para que coma pan y beba agua. (19) Entonces volvió con él y comió pan y bebió agua. (20) Y aconteció que estando ellos en la mesa, vino palabra de Jehová al profeta que le había hecho volver. (21) Y clamó al varón de Dios que había venido de Judá diciendo: Así dijo Jehová: Por cuanto has sido rebelde al mandato de Jehová, y no guardaste el mandamiento que Jehová tu Dios te había prescrito, (22) sino que volviste, y comiste pan y bebiste agua en el lugar donde Jehová te había dicho que no comieses pan ni bebieses agua, no entrará tu cuerpo en el sepulcro de tus padres. (23) Cuando había comido pan y bebido, el que le había hecho volver le ensilló el asno. (24) Y yéndose, le topó un león en el camino, y le mató; y su cuerpo estaba echado en el camino y el asno junto a él, y el león también junto al cuerpo. (25) Y he aquí unos que pasaban, y vieron el cuerpo que estaba echado en el camino, y el león que estaba junto al cuerpo, vinieron y lo dijeron en la ciudad donde el viejo profeta habitaba. (26)Oyéndole el profeta que le había hecho volver del camino, dijo: El varón de Dios es, que fue rebelde al mandato de Jehová; por tanto, Jehová le ha entregado al león, que le ha quebrantado y matado, conforme a la palabra de Jehová, que él le dijo".*

La moraleja de esta historia bíblica es que, cuando el Señor te de palabra e instrucciones firmes y claras, no importa quién le diga a usted

"Jehová me dijo" para que usted se salga de la voluntad de Dios, usted le puede decir: "si Jehová te dijo lo contrario a lo que me dijo a mí, yo esperaré en Jehová para que me confirme a mí lo que tú me estás diciendo". **No desobedezcas la voz de Dios porque un profeta le diga lo contrario a lo que le dijo a usted. Dios no es hombre para que mienta. Si Dios desea que usted haga lo contrario a lo que le ordenó primero se lo revelará a usted. No se lo mandará a decir con nadie. Además Dios no se enreda con sus instrucciones ni es ambivalente.**

Esta es una historia muy triste y no es fácil de comprender. El que mintió fue el viejo profeta al varón de Dios y sólo ese varón recibe el juicio de Dios mientras que del otro no se registra ninguna consecuencia o amonestación contra él. ¿Sabes por qué? Porque la palabra y las instrucciones eran para el primer profeta y él debió cuidarse del viejo profeta.

Al confiar sin cuestionarse si verdaderamente la palabra del viejo profeta venía de Dios, fue su gran error. El que tenía el llamado era él, por lo tanto tenía que asumir las consecuencias de su desobediencia. La Biblia dice que: *"si un ángel del cielo viene a decir palabra que va en contra de lo ya está escrito, sea anatema (maldito)"*. **Esto quiere decir que usted no se deje llevar por lo que le dicen bajo profecía sin antes probarlo por la Palabra de Dios.**

Los profetas del Antiguo Testamento sabían que ellos eran la representación de Dios en la tierra y que lo que ellos profetizaban era equivalente a lo que se hablaba en los oráculos de Dios. Ellos entendían del peligro de profetizar falsamente porque podrían ser apedreados por el pueblo. Es posible que esa fuera la información que tenía el varón de

Dios. También se asume que era joven y sin mucha experiencia, y tal vez creyó a la voz del viejo profeta, y reitero, él debió corroborar con Dios lo que el viejo profeta le había dicho, ya que era contrario a lo que él había recibido de Dios.

Me sorprende la actitud del viejo profeta. En ningún momento se hizo responsable de la desdicha del varón de Dios ya que fue él quien lo engañó y le causó la desobediencia. Cuando él se enteró de lo que le había ocurrido al varón de Dios se limitó a decir: *"...el varón de Dios que fue rebelde al mandato de Jehová".* No dijo: *"Yo mentí, lo desenfoqué de las instrucciones de Dios, fue mi culpa".*

Ante los ojos de Dios, la mentira del viejo profeta y el acto de rebeldía del varón de Dios era inaceptable. Entiendo que el varón de Dios respetó la posición del viejo profeta, y por eso le hizo caso. ¿Hubo alguna injusticia de parte de Dios? De ninguna manera, él tenía que obedecer a Dios ya que Él es el Supremo. Lo correcto hubiese sido que el varón de Dios le dijera al viejo profeta: *"ah, ¿un ángel de Dios te dijo que fuera contigo? Pues más que un ángel, fue la palabra directa de Jehová la que me habló a mí".* Pero él no lo hizo así.

Este es mi punto de vista, no solamente el maligno hará lo indecible para desenfocarnos de nuestros propósitos, pero aún las personas bien intencionadas o de posición, dentro y fuera de la Iglesia, podrían desenfocarnos de los planes de Dios si no somos sabios y estamos atentos a lo que Dios nos manda. No fue la bondad del viejo profeta lo que desenfocó al varón de Dios, sino la influencia que este vio en el anciano que lo desvió, y por ello, le costó su vida.

Si Dios da una instrucción, obedécele al pie de la letra. Un error bien común entre nosotros los predicadores es consultar con otras personas "más experimentadas" las instrucciones de Dios, si usted está seguro de lo que recibió es de Dios, siga adelante. Si tiene dudas, pregunte, pero la contestación deberá ser aprobada por la Palabra de Dios.

Debemos tener cuidado a quién consultamos. Usted no va donde una persona que habla como un perdedor a pedir consejo, ni a un ministro que no cree que Dios puede hablar aún en nuestros días, ni pedirá oración por sanidad divina a una persona que cree que la época de sanidad era en los tiempos de nuestro Señor Jesucristo. Es posible que una persona que ha fracasado pueda darnos un consejo basado en la lección que aprendió de su fracaso. Pero si usted ve que va de fracaso en fracaso, evite pedirle consejo.

Mi recomendación para los que están intentando algo nuevo, ya sea un joven predicador o no, es que evite buscar consejo de un predicador que, aunque lleve años en el Evangelio usted ha podido ver que ha perdido su propio enfoque. Puede que él le diga: *"Yo traté eso mismo, no lo hagas; perderás tu tiempo".* Tal vez él no fue llamado para lo que usted está siendo llamado. **Pero si ha sido llamado para algo, hágalo y obedezca las instrucciones del Señor y no permita que otro le desenfoque de lo que el Señor le dijo que hiciera.**

Los que saben más que usted

Son varias las diferentes razones por las cuales algunas personas nos desenfocan de los planes de Dios; ya sea a sabiendas o por ignorancia siempre tendrá personas a su lado con una opinión mejor que la suya y que la mía. Por lo menos, eso es lo que ellos piensan y harán lo posible por desenfocarlo de los propósitos de Dios. Es por eso que le digo: "vele con quién habla".

A través de los años he aprendido a que antes de tomar una decisión, ya sea para un ministerio o proyecto, se debe hacer una evaluación de la situación, se debe trazar un plan, un sistema y procedimiento para llevar a cabo lo que deseamos hacer para el Señor o para hacer un mandato directo de Él. Ver el pro y los contras de la situación. Una vez estudiada la situación y ver cuál es la mejor opción, debe seguir adelante. **Lo único que le debe hacer cambiar la postura es una intervención directa del Señor que le cambie los planes O que la persona que se le acerque le haga una observación sobre lo que desee hacer, y que le pruebe que lo que le aconseja es mejor que lo que usted posee.** Muchas veces estas personas también son movidas por la envidia, por sentir que ellos no son capaces de hacer lo que usted hace. O tal vez, desean que usted lleve una responsabilidad que a usted no le corresponde.

En una ocasión, me llamó una persona para decirme que la habían llamado de la Iglesia para una reunión extraordinaria. Lo que deseaban era que ella ocupara un cargo en la Iglesia que demandaba mucho tiempo y esfuerzo, además de dinero; cosa que ella no poseía. Le dijeron a ella: *"Dios le está dando este cargo y debe obedecer"*. ¡Qué manipulación! La hermana, muy madura para con las cosas del Señor les contestó: *"qué raro, Dios no me ha dicho nada a mí"* hay que estar pendiente de lo que es del espíritu y lo que es de la carne.

Lo que otros dicen

De una u otra forma, todos los días somos influenciados por la televisión, ya sea a través de anuncios, novelas, comerciales, medios noticiosos, etc. Recuerdo cómo para el 1999, todos estábamos a la expectativa de qué pasaría con las computadoras al haber el cambio del 1999 al 2000, el "nuevo milenio". Este tema influenció aún a los cristianos. Se creó un pánico por lo que se decía que podía ocurrir. Estando en una casa, alguien que estaba con gran temor por lo que pudiera ocurrir acaparó la atención de a todos los que estábamos allí. Me quedé quieto, y el Espíritu Santo me dijo: "nada va a suceder". Le comuniqué al resto de los que estaban allí lo que el Espíritu Santo me había confirmado, pero fueron inútiles mis palabras. No surtieron ningún efecto porque estas personas estaban llenas de temor.

Los políticos, los predicadores, las personas educadas, los médicos, analistas económicos, abogados y maestros ejercen una influencia sobre nosotros que puede ser una influencia buena o mala. Lo que debemos hacer es velar con quién hablamos. **Lo que usted escucha de otros podría influenciarlo a usted. Si esa persona habla disparates, y si usted no tiene cuidado de discernir si lo que la persona dijo tiene sentido y es real, usted, a la larga, repetirá el mismo disparate.**

Los agentes secretos

Es importante velar con quién se habla, por la información que podrían obtener de usted y que luego podrían usar en su contra. Cuide de no traer a su círculo de amistades a cualquiera que llegue a su vida. No se abra (hablar sus intimidades) con personas que acaba de conocer porque usted podría hablar inocentemente con esa persona quien podría estar llena de maldad por dentro.

En varias ocasiones, he sido invitado a cenar en algunas casas y en varias de esas invitaciones han grabado los comentarios que he hecho al compartir con esas personas. Ellos preparan todo el escenario, me tratan bien, me hacen sentir cómodo, comparten alimentos conmigo y cuando el ambiente está agradable y favorable para ellos, me piden la opinión sobre alguna persona en particular, y sin mi autorización han grabado la conversación. **¡Cuidado con la lisonja y la adulación! Puede que la invitación que le hagan sea una trampa.**

Además, debemos tener cuidado con lo que hablamos en los celulares. Ahora, la mayoría de las personas tenemos celulares. Debemos tener cuidado de que la persona a la que se llamó o quien nos llamó no ponga el celular en "speaker" o alta voz, ya que no sabemos quién más está escuchando la llamada. Considero que la persona que hace esto es **desleal** y lo considero una ofensa a la amistad y privacidad que debe guardar cada persona. Yo les llamo: los agentes secretos

En Prov. Cap. 6, verso 2 dice: *"Te has enlazado con las palabras de tu boca y has quedado preso en los dichos de tus labios"*. Este verso es una clara advertencia sobre las personas que acostumbra a comentar con otros todo lo que sabe sobre alguna persona en particular. Si usted cuenta algo muy delicado que involucre a otra persona, y la persona revela el secreto a otros, usted quedará preso, enlazado por lo que dijo.

Para evitar cualquier problema, no hable mal de nadie con ninguna persona, ni siquiera por teléfono ya que eventualmente lo que usted dijo llegará a la otra persona y luego podría ser confrontado. Mi sugerencia es que si usted tiene algo que decir de alguien, puede hacer una de dos cosas: hablar con la persona y decirle con amor lo que usted piensa o cree de ella, o lo que le hayan comentado diciendo nombres. Si es necesario se confronta con la persona que dijo el comentario y se aclara la situación. Se pide perdón, de ser necesario. Lo otro que puede hacer es traer ante los pies del Señor en oración, la situación o persona, para que sea Él quien tome control del asunto.

Piense que, cuando usted desee traer a alguien a su círculo de amistades, antes que nada, trate de ver lo que hay en su corazón. La Biblia dice: *"De la abundancia del corazón habla la boca"*. Usted sabrá con quién está hablando cuando esa persona comience a hablar con usted. No le confíe sus intimidades y problemas a una persona que acaba de conocer, pues usted no sabe qué hará con la información que usted le dé. **Es fácil dañar la imagen de una persona, cuesta trabajo y toma tiempo corregir y arreglar la imagen perdida.**

¿Qué usted debe tener en cuenta cuando conoce por primera vez a una persona y que planea incluirla a su círculo de amistades? Observe cómo vive, cómo es su relación con otros. Escuche cómo se refiere hacia otros al hablar, trate de conocer sus familiares cercanos, observe su comportamiento en público, en la Iglesia y ante las autoridades. Verifique qué cosas son importantes para esa persona, a quién admira, qué personas han impactado su vida, qué lugares frecuenta, cómo son sus amistades, entre otras cosas. Esté atento en su forma de hablar, su vocabulario, si habla con prudencia, si es educado. Además, trate de ver cómo la persona se ve a sí misma, qué concepto tiene de ella o de (el) mismo(a). Toda esta información usted la va obteniendo a medida que establece comunicación con esa persona. No trate de obtener esa información en la primera conversación porque la persona va creer que está frente a un interrogatorio. Evite dar información privada sobre algún problema o situación suya, sin antes haber tratado con la persona en varias ocasiones. Créame, se evitará problemas futuros.

La idea central de este capítulo es orientarle para que usted tenga cuidado con lo que comparte con otras personas y que recuerde ser selectivo a la hora de seleccionar un amigo. Piense, hay amigos y hay conocidos. No llame "amigo" a todos los que conoce. Use sabiduría y prudencia cuando esté hablando o escuchando a otros.

A continuación, una lista de sugerencias para que usted pueda elegir mejor a sus amistades, luego oraré por usted.

- Hay personas a las que no les preocupan ventilar sus problemas en alta voz en cualquier lugar. Evite unirse a esas clases de personas. pudieran dar a conocer los suyos.
- Recuerde que es mejor hablar los malos entendidos y comentarios con la persona aludida que andar "chismeando" con otros. piense, cuando no tenga nada productivo que decir, "mejor no diga nada".
- Procure hablar con personas que aporten de su inteligencia y productividad con usted. Evite conversaciones vanas.

- Comparta con personas que le ayuden a iluminar sus sueños y anhelos, evite a quienes le critican sus sueños.

- Hay personas que, en ocasiones, tienden a exagerar las cosas. antes de reaccionar, procure verificar si lo que le están diciendo es cierto o es una exageración.

- Trate con personas que no le intimida la corrección. si usted cree que debe traer una corrección a esa vida, trate de hacerlo en el amor del Señor, al igual, usted debe estar abierto a la corrección de otros.

- Evite a las personas aduladoras. Hay veces que adulan buscando algo a cambio. Además no son personas sinceras.

- Al hablar con alguien, procure darle toda la atención, en el rostro se denota la falta de interés y de atención. busque a personas que también le muestre el mismo interés en sus conversaciones.

- Trate de que la persona que lo aborda en una conversación no le abrume ni le cargue con sus problemas, al finalizar la conversación saque tiempo para orar y dejar en las manos del Señor todo lo hablado. No "cargue el saco de otro" pues a la larga le va a pesar llevar el suyo y el de la otra persona. Aprenda y enseñe a otros a descansar en el Señor.

- Cuando alguien trate de llevarle chismes y comentarios, párela en el momento, le puede decir: ¿Podríamos hablar de otra cosa? evite que esa persona le robe la paz y tranquilidad con cosas superfluas.

- No dé consejos, dé recomendaciones, y cuando lo haga, tenga prudencia. Usted no sabe cómo va a repercutir la recomendación que usted le dio.
- No establezca amistad con personas que están fuera de la ley de Dios y de los hombres. Este tipo de amistad traerá grandes males.
- Procure hablar con personas que, cuando hablen de usted pueda ver su corazón, que sean discretas y honestas, que hablen de la Palabra de Dios positivamente. Que sean prudentes y que no descubren los secretos que se les confía. Procure hablar con personas con las cuales usted pueda ver a Dios en ellos, trate con personas que le han mostrado fidelidad en su amistad.
- Finalmente, si no ha encontrado a alguien digno de confianza para hablar, entonces hable con Dios. Él lo escuchará las 24 horas, del día, los siete días de la semana y los 365 días del año.

Oremos:

Padre bueno, te doy gracias porque tus ojos están pendientes sobre el cuidado de Tus hijos. Deseamos estar junto a Ti, a tal punto, que podamos oír un solo latido, un solo respiro. Dios del cielo, clamo por la persona que acaba de leer este capítulo. Es mi oración que des discernimiento al escoger a las personas que se encuentre en su camino. Permite que pueda discernir lo que hay en el corazón de ellos. Que la sabiduría, la prudencia y el honor lo corone y los guardes del maligno. Aparta de su vida la persona inicua, de falsa humildad. Permite que se mantenga en tu camino, que no cambie su enfoque, y que mantenga la perspectiva divina. Te doy gracias, en el nombre de Jesucristo, nuestro Señor. Amén.

Conclusión

Espero que la lectura de este libro haya producido en usted el mismo impacto que les produjo a los miembros de la Iglesia a la cual pastoreaba. Muchas de las narraciones son sencillas y de sentido común. Otras, espero que sean nuevas a su conocimiento.

La gran mayoría de estos conceptos los sabemos, no obstante, se nos pueden olvidar o no nos percatamos. Vivimos en una era muy informativa, es increíble la excesiva información que tenemos a nuestro alcance desde que tenemos acceso a las computadoras y al Internet.

Prácticamente, toda la información que necesitamos la podemos encontrar ahí, tanto es así que se ha creado una dependencia total de este avance tecnológico. Nuestra mente se ocupa día y noche buscando toda clase de información que olvidamos; precisamente las cosas personales por las cuales debemos velar, como las que ha encontrado en este libro.

Le sugiero que mantenga este libro y que sea parte de su biblioteca personal. Las experiencias que se obtienen a través de los años se repiten constantemente, es parte del ciclo humano. A usted llegarán nuevas personas que desearán ser parte SU círculo de amistades. Usted no podrá juzgarlos por las experiencias pasadas con otras personas. Lo justo sería darle una oportunidad a esa nueva persona que llega a su vida y que tal vez querrá ser parte de su círculo de amistades.

No olvide los puntos importantes de cada capítulo. Cada uno de ellos tiene una lista de beneficios para usted poder recordarlos y tenerlos siempre en su mente para cualquier eventualidad. También oraciones y declaraciones fueron enteramente repetidas intencionalmente, en cada capítulo para su beneficio.

La lectura de este libro tiene como fin el desarrollar su discernimiento. No me refiero al don de discernimiento de espíritus dados por el Espíritu Santo, hablo del discernimiento natural, de lo que llamamos, sentido común. Este discernimiento debe estar más desarrollado en usted después de haber leído este libro.

Recuerde, he escrito este libro para que sea de fácil lectura y que contiene verdades prácticas y útiles para usted. Es mi oración y deseo que usted ponga en práctica todo lo que aprendió a través de la lectura créame, va a ser de gran beneficio para usted y caminará, como dicen por ahí, "con las antenas bien paradas". No solamente por las personas que llegarán a su vida, sino para beneficio suyo. Cuidará de las cosas que hay en su corazón y vigilará las emociones que en él se forman, las cuales, pudieran ser dañinas o beneficiosas, de acuerdo a lo que usted decida sentir en él. Además, cuidará de sus confesiones, de las cosas que dice. Recuerde que usted mueve hasta al mundo espiritual. Su lengua es el catalizador que hará que la rueda de su mundo se ponga en marcha.

Recuerde que las cosas que usted hace podrían verse correctas para usted, pero podrían ser totalmente erróneas ante Dios. No olvide que sus pasos, al igual que sus caminos, son ordenados por Dios, porque Él está ejerciendo SU Señorío sobre usted. Por último, recuerde que con quien usted ande y con quien usted hable podría ser de influencia en su vida y podría cambiar su enfoque de lo que Dios desee con usted. Lo importante es aprender a conocer la voz de Dios, creerle a Él y ponerse en sus manos. Y aprenda a reposar en el Señor.

Vele por estas ocho cosas en su vida que se encuentran en cada capítulo del libro, que si las sigue se evitará de muchas frustraciones y tendrá una vida más placentera y productiva. Que Dios le bendiga mucho cuídese, cuide de los suyos y cuide la presencia de Dios en su vida. ¡Éxito!

> Enséñanos de tal modo a contar
> Nuestros días que traigamos
> Al corazón sabiduría.
>
> Salmo 90:12

www.ingramcontent.com/pod-product-compliance
Lightning Source LLC
Chambersburg PA
CBHW051754040426
42446CB00007B/365